CÓMO ORAR DURANTE

las tormentas

DE LA VIDA

CÓMO ORAR DURANTE

las tormentas

DE LA VIDA

MENSAJES QUE ENRIQUECEN TU VIDA

POR

STORMIE OMARTIAN,

JONI EARECKSON TADA, LESLIE VERNICK,
CATHERINE HART WEBER,
JOSEPH Y MARY ANN MAYO,
LINDA S. MINTLE Y DIANE LANGBERG

CASA
CREACION

Cómo orar durante las tormentas de la vida
por Stormie Omartian y otros
Publicado por Casa Creación
Una compañía de Strang Communications
600 Rinehart Road
Lake Mary, Florida 32746
www.casacreacion.com

A menos que se indique lo contrario, todos los textos bíblicos han sido tomados de la versión Reina-Valera, de la *Santa Biblia*, revisión 1960. Usado con permiso.

Traducido por: *Joey Vargas*
Editado por: *Belmonte Traductores*
Diseño interior por: *Grupo Nivel Uno Inc.*
Diseño de portada: The Office of Bill Chiaravalle

Library of Congress Control Number: 2004104841

ISBN: 1-59185-426-1

Impreso en los Estados Unidos de América

05 06 07 ❖ 8 7 6 5 4 3

Índice

Reconocimientos

Los editores desean agradecer a
Tim Clinton y Doris Rikkers por su contribución
creativa y editorial a este proyecto.

Introducción

⁕

Por nada estéis afanosos, sino sean conocidas vuestras
peticiones delante de Dios en toda oración y ruego,
con acción de gracias. Y la paz de Dios, que sobrepasa
todo entendimiento, guardará vuestros corazones
y vuestros pensamientos en Cristo Jesús.
—FILIPENSES 4:6-7

La vida está llena de dificultades, sea que las suframos nosotras mismas o que nos identifiquemos con los sufrimientos y
dificultades de otros. Dios nos ha creado como mujeres amo-
rosas, que se preocupan, que sufren y sienten profundamente.

Dios nunca dijo que la vida sería fácil. Si así fuera, no desearíamos un lugar mejor: a su lado en el cielo, donde realmente pertenecemos y donde Él desea que estemos. Pero Dios nos ha dado muchas promesas: Él estará con nosotros no importa por lo que pasemos, Él nos dará la fortaleza para enfrentar cada nuevo día y, sobre todo, escuchará y responderá nuestras oraciones, nuestro clamor pidiendo ayuda.

En nuestros momentos de más desesperación, en nuestros momentos de dolor e ira, depresión y culpabilidad, temor y falta de esperanza, podemos ir a los brazos de Jesús y hablar con Él. Él nos ha prometido que si pedimos, recibiremos. Así que cuando la vida está en su peor momento y usted no sabe cómo soportar un momento más, vuélvase a Jesús; Él es su fuente de consuelo y esperanza.

Cómo orar durante las tormentas de la vida

❧

STORMIE OMARTIAN

Escucha, oh Jehová, mi oración,
y está atento a la voz de mis ruegos.
En el día de mi angustia te llamaré,
porque tú me respondes.
—Salmo 86:6-7

¿Hay alguien en el mundo que no atraviese momentos difíciles? Si es así, me gustaría conocer a esa persona. Simplemente quiero saber cómo se siente el no tener dificultades. He conocido y caminado con el Señor por más de treinta y dos años y todavía atravieso momentos difíciles como cualquier otro ser humano. Pero mientras más camino con el Señor, menos me desaniman o atemorizan las cosas difíciles que pasan. Ya no me quedo desesperanzada como antes. La razón es que sé que Dios esta en control de mi vida y mi esperanza esta en Él. Oro muchas veces al día para asegurarme que Él y yo estemos cerca el uno del otro, y le recuerdo que no puedo vivir sin Él, de modo que Él esté en control de mi vida.

No me malentienda, no estoy diciendo que nunca me toma por sorpresa cuando ocurren los problemas. Mi reacción inicial no es siempre la perfecta paz. Muchas veces soy sumergida en el lodo de la tristeza, el dolor y la desesperación por las cosas que me pasan

No importa lo oscuras, perturbadoras, dolorosas e inquietantes que puedan parecer nuestras circunstancias, hay un lugar de paz que Dios tiene para cada una de nosotras

a mí o alrededor de mí. Justo cuando pienso que ya lo he visto y escuchado todo, me alarmo por los nuevos niveles de lo inconcebible que el diablo inventa para destruirnos. Yo puedo aterrorizarme o asustarme, o aún sucumbir temporalmente ante el pensamiento de que mi vida se va a acabar. Pero pronto vuelvo a mis cabales y me doy cuenta que no importa lo oscuras, perturbadoras, dolorosas e inquietantes que puedan parecer nuestras circunstancias, hay un lugar de paz que Dios tiene para cada una de nosotras como un amparo en la tormenta. Y podemos depender de Él para llevarnos allí cuando buscamos refugio en Él.

Una de las mejores ilustraciones de esto es cuando despegamos en un avión durante un día gris, triste y lluvioso. Es increíble como podemos volar a través de las nubes oscuras y húmedas —tan densas que no podemos ver nada a través de la ventana— y de repente ascendemos sobre todo y podemos ver por largos kilómetros. A esta altura el cielo es azul, claro y soleado. Siempre me olvido que no importa lo malo que llegue a estar el clima, es posible remontarse por encima de la oscuridad y la tristeza de la tormenta hasta un lugar donde todo está bien.

Nuestra vida espiritual y emocional es similar a eso. Cuando las nubes oscuras de las pruebas, las luchas, el dolor o el sufrimiento nos envuelven tan densamente que apenas podemos ver delante de nosotros, es fácil olvidar que hay un lugar de calma, de luz, de claridad y de paz al cual podemos remontarnos. Si tomamos la mano de Dios en esos momentos difíciles, Él nos levantará por encima de nuestras circunstancias al lugar de consuelo, calor y seguridad que Él tiene para nosotras. Muy a menudo, sin embargo, nos olvidamos de tomar la mano de Dios. Nos olvidamos de caminar con Él. Perdemos de vista que nuestra esperanza y consuelo sólo pueden ser hallados en Él.

Uno de mis nombres favoritos para el Espíritu Santo es el Consolador (Juan 14:26). El solo nombre es medicina a nuestros corazones. Dios nos amó de tal manera que no nos dejó en esta tierra para que nos valiésemos por nosotras mismas;

Él nos dio el don de su Espíritu Santo. Así como no tenemos que rogarle al sol que nos dé luz, no tenemos que rogarle al Espíritu Santo que nos consuele. Él *es* nuestro consuelo. Nosotras simplemente tenemos que separarnos de cualquier cosa que nos separe de Él e ir a su presencia. Debemos orar que, al pasar por dificultades, Él nos dé un sentido aún mayor de su presencia durante la prueba.

Todas pasamos por tiempos difíciles. El último año y medio ha sido uno de los períodos más difíciles de mi vida. Mientras me estaban ocurriendo muchas cosas buenas en cuanto a las bendiciones de Dios sobre mi ministerio como escritora, todavía tuve que luchar por mi vida en el área de la salud física. Hace unos dos años empecé a tener ataques de dolor abdominal severo acompañando de náuseas. Cada incidente era insoportable, y mi esposo tenía que llevarme a la sala de emergencia del hospital a media noche (¿por qué siempre ocurre a media noche?). Terminábamos quedándonos allí hasta el día siguiente, ya que los médicos y técnicos realizaban todo tipo de exámenes para encontrar la causa de mi problema. Pero el resultado de los exámenes indicaba que yo estaba completamente bien. Ellos no podían hallar nada malo, y nadie podía entender por qué yo estaba sufriendo tanto. Esta situación continuó por seis meses y estuve en diferentes hospitales, viendo a diferentes médicos y especialistas.

Entonces, en medio de una de las peores noches que he pasado en mi vida, sentí que algo explotó dentro de mi cuerpo de manera tan violenta que supe que moriría si no recibía ayuda.

Mi esposo me llevó de urgencia al hospital a las 3:30 de la mañana porque sabíamos que no podíamos perder tiempo esperando una ambulancia. Sin embargo, me hallé en la sala de emergencias por horas, suplicando que alguien me ayudara y diciéndole a la gente que me iba a morir si no recibía ayuda médica pronto. Me hicieron los mismos exámenes que me habían hecho muchas veces antes, mas aún no lograban encontrar nada fuera de lo normal.

Mi esposo oraba por mí continuamente, y cuando mi hermana, Susan, y una amiga cercana, Roz, llegaron, también oraron por mí. Ellos llamaron a otras personas para que oraran que alguien pudiera encontrar lo que me pasaba e hiciera algo al respecto. Lo único que yo podía orar era: "Ayúdame, Jesús".

De pronto le dije a Dios: "¿Es esta mi hora de morir?". Pero no sentí a Dios diciendo que lo era. De hecho, sentí que Él me decía que aún tenía planes para mí en la tierra. Eso me animó, pero el dolor agudo no disminuyó, y el personal médico no podía darme nada para el dolor hasta saber exactamente lo que estaba mal. Continué orando que Dios me levantara a ese lugar por encima de la tormenta.

Finalmente, después de ocho horas de espera en la sala de emergencia, el especialista llamó a un cirujano quien fue lo suficientemente valiente para decir: "No puedo determinar lo que está ocurriendo con usted a través de las pruebas, pero creo que su apéndice se ha roto. Tengo que llevarla al cuarto de operaciones inmediatamente, y si estoy equivocado, encontraré el problema". Le agradecí mucho, y le dije que hiciera lo que fuera necesario para detener el dolor. No me importaba lo que tuviera que cortar con tal de no sufrir más este terrible dolor. Y resultó que el cirujano tenía razón. Después de la operación, cuando ya estaba lo suficientemente despierta para hablar, me dijo: "Una hora más y usted hubiera entrado en un coma tóxico, y yo no le hubiera podido salvar la vida". Yo sabía que Dios había escuchado nuestras oraciones por sanidad y ese médico era parte importante de esa respuesta.

Sin embargo, la batalla no había terminado aún. Durante las siguientes dos semanas, estuve conectada a tubos y máquinas, y tuve que soportar dolores que hacían parecer los dolores de dar a luz algo placentero. Aun la constante morfina no me quitaba el dolor ni lo hacía más tolerable, ya que la incisión en mi abdomen tuvo que ser dejada abierta para que los médicos tuvieran acceso a mi abdomen para limpiarlo a diario. Aun después de la cirugía todavía estaba en peligro. De hecho, los médicos *nunca* cosieron la herida; en vez de eso, la dejaron sanar de adentro hacia fuera: un proceso que tomó más de cinco meses. Cuando finalmente regresé a casa del hospital, una enfermera tuvo que curar mis heridas siete días a la semana por varias semanas. Pero en unos meses, aún antes de que la primera operación estuviera casi sana, regresé al hospital para que extrajeran mi vesícula biliar. Los médicos finalmente determinaron que mi vesícula biliar había sido la causa de mi dolor abdominal inicialmente.

Durante esos dieciocho meses, viví con un dolor agudo emocional y físico. Pero nunca dudé que Dios estaba en control de mi vida. ¿Sentí temor? Sí. ¿Me deprimí? A veces. ¿No tuve suficiente fe? Probablemente (¿cuándo tenemos suficiente fe?). ¿Significó esto que yo era un fracaso? No, sólo significó que yo era humana y que tenía limitaciones físicas como todos los demás. El enemigo me quería muerta, pero la gracia de Dios y las oraciones de muchos impidieron que los planes de Satanás tuvieran éxito.

Ahora le pregunto a usted: ¿suena esta historia como el tipo de cosas que le sucede a alguien que ora mucho? ¿A alguien que sirve al Señor lo mejor que puede? ¿Es esta la manera en que las cosas suceden para alguien cuya vida nunca ha sido fácil? Realmente, estoy empezando a pensar que la respuesta a estas preguntas es sí. La razón es que el dolor y la pérdida son parte de la vida. Todos sufrimos de una u otra manera, especialmente si estamos sirviendo al Señor de forma eficaz. Pero la buena noticia es que Dios siempre está allí para convertir lo malo en algo bueno cuando se lo pedimos. Cuando andamos con el Señor, nuestro sufrimiento nunca es en vano.

RAZONES DE DIOS PARA EL SUFRIMIENTO

Hay varias razones por las cuales los momentos difíciles ocurren, y si pudiésemos llegar a entender la razón de nuestro sufrimiento, nos ayudaría a sobrellevar el dolor, elevarnos a un lugar de paz y ver nuestra fe crecer en medio de todo.

1. *A veces nos suceden cosas difíciles para que la gloria y el poder de Dios sean revelados en nosotras y a través de nosotras.* Jesús pasó junto a un hombre que había nacido ciego, y sus discípulos le preguntaron si su ceguera fue causada por los pecados de sus padres o por su propio pecado. Jesús contestó: "No es que pecó éste, ni sus padres, sino para que las obras de Dios se manifiesten en él" (Juan 9:3). Quizás no podamos entender por qué ciertas cosas suceden en ese momento, y quizás nunca podamos conocer la historia completa hasta que estemos en la presencia del Señor, pero cuando nos volvemos a Dios en medio de las dificultades, la gloria de Dios se verá en ellas. En mi situación, la gloria de Dios fue vista en el hecho de que yo viví y no morí. Fue vista en la poderosa respuesta a la oración.

2. *A veces Dios usa los momentos difíciles para purificarnos.* La Biblia dice: "Puesto que Cristo ha padecido por nosotros en la carne, vosotros también armaos del mismo pensamiento; pues quien ha padecido en la carne, terminó con el pecado" (1 Pedro 4:1). Esto significa que nuestro sufrimiento, en determinados momentos, quema el pecado y el egocentrismo de nuestras vidas. Dios permite que suframos para que aprendamos a vivir para Él y no para nosotras mismas, y para que sigamos su voluntad y no la nuestra. El sufrimiento nunca es placentero, pero Dios lo permite para que "participemos de su santidad" (Hebreos 12:10). Él quiere que abandonemos las

cosas que codiciamos y que nos agarremos de lo más importante en la vida: Él. Cuando estaba en aquel hospital en pleno dolor y era incapaz de moverme sin ayuda, me apegué al Señor cada momento por cada aliento. Esa es la vida más pura que se puede tener.

3. *A veces nuestra desgracia es causada para Dios disciplinarnos.* "Es verdad que ninguna disciplina al presente parece ser causa de gozo, sino de tristeza; pero después da fruto apacible de justicia a los que en ella han sido ejercitados" (Hebreos 12:11). El fruto producido por esta disciplina y limpieza en nosotras hace que valga la pena el dolor que tenemos que pasar para obtenerlo, aunque no parezca así en el momento. Tenemos que ser cuidadosas para no resistirla u odiarla. "Hijo mío, no menosprecies la disciplina del Señor, ni desmayes cuando eres reprendido por él; porque el Señor al que ama, disciplina, y azota a todo el que recibe por hijo" (Hebreos 12:5-6). Yo creo que Dios me estaba disciplinando en aquella etapa de sufrimiento dejándome ver mi propia mortalidad de cerca y mostrándome lo corto que es mi tiempo en esta tierra. Él lo permitió porque quería que yo dejara algo *bueno* y me dedicara a lo *mejor* de Él.

4. *A veces el enemigo nos atrapa en medio de su labor.* Al enemigo no le gustaría otra cosa sino hacer que sea desgraciada y destruir su vida. A menudo, la razón de la angustia, la tristeza, el pesar o el dolor que usted siente es obra de Satanás y no culpa suya o de alguna otra persona. Consuélese en saber

que a medida que usted alabe al Señor en medio del ataque, el Señor derrotará al enemigo y traerá tanto bien que usted ni se lo puede imaginar. Dios quiere que usted ande en fe con Él, a medida que Él le guía a través del sufrimiento. Así Él puede enseñarle a confiar en medio de las circunstancias. Dios claramente nos mostró a mi esposo y a mí que el plan de Satanás fue destruir mi vida durante aquellos dolorosos meses de enfermedad y recuperación.

CÓMO ORAR EN TIEMPOS DIFÍCILES

A pesar del motivo que haya para sus dificultades, sus oraciones causarán una diferencia positiva en el desenlace. Cada día usted tiene otra oportunidad para afectar su futuro con las palabras que usted le dice a Dios. No se preocupe por el número de veces que usted sienta que le repite la misma oración; Dios escucha su oración cada vez como si fuera una nueva. Su oración tiene nueva vida cada vez que usted la dice. Aun si no le ve respuesta inmediata, cada oración pone algo en movimiento. Hay muchas cosas que pasan en el reino espiritual y que usted no ve. Junto con sus oraciones a Dios por sus necesidades especificas, las siguientes son otras maneras de orar que le pueden ayudar en los momentos difíciles.

1. Ore por sabiduría. Cuando no tomamos buenas decisiones en nuestras vidas, pagamos un precio. Y nunca estamos en mayor peligro que cuando estamos bajo estrés, dolor, o sufriendo de alguna manera. En esos momentos es fácil tomar una decisión nacida de la desesperación, así que siempre es bueno pedirle a Dios sabiduría y discernimiento. Esta debería ser una oración constante, porque muy a menudo tenemos que tomar decisiones rápidas. En esas ocasiones, no tenemos el tiempo de

> *A pesar del motivo que haya para sus dificultades, sus oraciones causarán una diferencia positiva en el desenlace.*

buscar la voluntad de Dios. Necesitamos saberla de antemano.

2. *Ore por la ayuda del Espíritu Santo.* Cuando estamos en medio de una tragedia, pérdida, dolor o desilusión, sufrimos terriblemente y nos es difícil pensar más allá del dolor. Pero no tenemos que pasar por esos momentos solas, porque el Espíritu Santo está allí para ayudarnos. En algunas traducciones de la Biblia, el Espíritu Santo es llamado el Ayudador. Jesús dijo: "Y yo rogaré al Padre, y os dará otro Consolador, para que esté con vosotros para siempre: el Espíritu de verdad" (Juan 14:16-17). Cuando nos volvemos a Él para recibir ayuda y consuelo, le hallaremos. Él nos dará revelación y poder, las cosas que más necesitamos cuando estamos en dificultades.

3. *Ore para tener la mente de Cristo.* La Biblia dice: "Nosotros tenemos la mente de Cristo" (1 Corintios 2:16), y debemos tener "este sentir que hubo también en Cristo Jesús" (Filipenses 2:5). También dice: "Puesto que Cristo ha padecido

por nosotros en la carne, vosotros también armaos del mismo pensamiento; pues quien ha padecido en la carne, terminó con el pecado" (1 Pedro 4:1). Si usted le pide a Dios que le ayude a armarse con la mente de Cristo, Él le capacitara para sobrellevar el sufrimiento por la gloria que está ante usted. En otras palabras, Él le ayudará a enfocarse en el bien que Él traerá de la situación en vez de en la desgracia que está experimentando.

4. Ore por un sentir mayor de la presencia de Dios. En tiempos de dolor, sufrimiento o pruebas, pídale a Dios que le ayude a sentir su presencia de una manera más fuerte cada día. El sentir la presencia de Dios a su alrededor le ayudará a aumentar su fe y a no ser dominada por la duda; le dará fortaleza para estar firme en la verdad de Dios y para no ser arrastrada por emociones o por las mentiras del enemigo; le ayudará a estar contenta en su situación presente porque *Él* esta allí. Todos deseamos llegar al lugar en que no tendremos temor de las malas noticias porque nuestro corazón esta firme, confiando en Él (Salmo 112:7). Queremos sentir la presencia de Aquel que libera nuestra alma de la muerte, y nuestros ojos de lágrimas, y nuestros pies de caer (Salmo 116:8). Queremos decir: "No temeré, porque sé que el Señor está conmigo." Cuando usted siente la presencia de Dios, se le quita el temor y le da esperanza.

5. Ore para que usted permanezca en la Palabra de Dios y la obedezca. Cuando la tormenta cae implacable a su alrededor, usted debe estar agarrada de algo sólido e inamovible. No hay nada más sólido que la Palabra de Dios. Cuando yo estaba enferma, estaba tan incapacitada que ni podía sostener la Biblia, por eso tuve que depender de otros para que me la leyeran. El escuchar la Palabra de Dios elevó mi espíritu y me fortaleció. Me habló de las promesas de Dios y me dio esperanza. Me hizo sentir que todo iba a ir bien. Su palabra hará esto y más por usted.

6. *Ore para ver lo bueno en las cosas malas que pasan.* Ninguna de nosotras disfruta el dolor, la incertidumbre, las luchas o las frustraciones. Queremos las cosas en la manera en que las queremos. Pero los momentos desafiantes y difíciles no vienen sin algo bueno. Hay cosas que nos suceden en esos momentos que son tan preciosas como diamantes. Es durante esos momentos difíciles que tenemos la oportunidad de experimentar la presencia del Señor de una manera más profunda. Cuando nos aferramos a Él, Él nos revelará lo bueno que está justo delante de nosotras. Dios a veces permite que sucedan cosas difíciles en nuestras vidas para bendecirnos de alguna manera. Si estamos dispuestas a permitir esa posibilidad en todo lo que nos sucede, esto nos guardara de ser devastadas por personas y situaciones que al final serán usados para la gloria de Dios. Cuando le pedimos que nos muestre lo bueno en nuestras dificultades, Él lo hace.

7. *Ore que todas sus expectativas estén solamente en Dios.* La desilusión y el sufrimiento son inevitables porque la vida nunca podrá satisfacer nuestras expectativas consistentemente. Las cosas ciertamente no siempre salen de la manera en que las queremos. Pero cuando ponemos nuestra esperanza en el

Señor y reconocemos que nuestra ayuda viene de Él, eso quita la presión que ponemos en otros para que satisfagan nuestras necesidades. Cometemos un error al esperar demasiado de la gente, de la vida y de nosotras mismas cuando nuestra esperanza debería estar en Dios. A Él le agrada cuando tenemos la suficiente fe, en medio de nuestra desilusión, para poner nuestra esperanza y expectativa en Él. No huya hacia los brazos de la amargura y la falta de perdón. En cambio, corra hacia los brazos de su Padre para que Él le abrace y le sostenga.

8. *Ore que usted pueda perdonar a otros.* A menudo nuestros grandes momentos de dolor, pruebas, dificultad o desilusión ocurren cuando alguien nos falla; o cuando sentimos que nos han fallado. La gente nos puede lastimar profundamente, pero nuestra felicidad y realización personal no dependen de otros, dependen de Dios. Claro que confiamos en otros para ciertas cosas y es doloroso cuando ellos nos fallan. Pero el gran éxito o gozo de nuestra vida no depende de otras personas. Tenemos que perdonarlos y liberarlos, y no continuar sufriendo por lo que otros hagan o dejen de hacer por nosotras. A fin de cuentas, nuestra recompensa está en las manos de Dios. Si le entregamos nuestra desilusión a Dios y decimos: "Sé mi luz y guíame a través de esto, Señor", entonces su obra será hecha más rápidamente. Pero si nos hundimos en la oscuridad de la amargura, culpando a Dios y a otros, terminaremos sufriendo más.

9. *Ore para que Dios le ayude a perdonarse a sí misma.* Es devastador cuando creemos que hemos fallado de alguna

manera o que somos responsables por lo malo que haya pasado, quizás debido a nuestra falta de cuidado o a pesar de nuestro esfuerzo. O pensamos que hemos fallado cuando en realidad no es así, y nos torturamos permitiendo que nuestro lamento y condenación golpeen nuestra alma como un martillo gigante. Es un peso que no podemos cargar y que no fuimos diseñadas para cargar. Aun cuando tenemos que pagar las consecuencias por las malas decisiones tomadas, Dios esta allí para sacar algo bueno de lo malo. Aun en nuestras peores fallas, Dios redime todas las cosas cuando le imploramos en humildad. Aunque es bueno examinar nuestros motivos, pensamientos y acciones, es contraproducente el castigarnos constantemente diciendo: "Si tan solo no hubiera...", "si tan sólo yo hubiera...", "por qué no hice..." por cada cosa que sale mal.

10. Ore para que usted no se desanime. El desánimo puede ser algo abrumador. Usted piensa que está firme y, de repente, en un momento de cansancio, el desánimo le inunda y amenaza con ahogarla. A pesar de que pueda parecer una eternidad cuando espera que su tiempo de dificultad termine, y usted siente como si ya no tuviera la fuerza para enfrentar la situación por más tiempo, dígase a sí misma que usted todo lo puede en Cristo que la fortalece (Filipenses 4:13). Declare que usted "descansará en el Señor, y esperará pacientemente en Él" (Salmo 37:7). Tenga en mente que Dios tiene la reputación de hacer trabajos rápidos para los cuales ha hecho preparativos por largo tiempo. Podría ser hoy.

FORTALEZA PARA SEGUIR ADELANTE

A pesar de su situación presente, sepa que Dios tiene bendiciones abundantes para usted. Él obra poderosamente en su vida justo donde usted está, así que no pare de orar. Cierre sus ojos, invóquelo y sienta su presencia. Él quiere que usted confíe que cuando usted tenga temor, usted puede acudir a Él y encontrar su paz. Cuando esté cansada, encontrará su fortaleza. Cuando se sienta vacía, hallará su plenitud. Cuando esté triste, encontrará su gozo. Y cuando esté en medio de la cruda tormenta, encontrará abrigo y provisión. No se deje cegar por las circunstancias, temiendo lo que esté pasando, desanimada fácilmente, llena de rencor, o pronta a quejarse. Al contrario, busque a Dios en medio de sus circunstancias.

Cuando este desilusionada, pídale a Dios que le ayude a discernir su verdad en lo que esté experimentando. En vez de dejarse consumir por el dolor, busque la revelación de Él en la situación. Mantenga un corazón humilde, sometido, lleno de fe y con expectativa, y verá la bondad de Dios en medio de todo lo que esté ocurriendo. Él usará esa experiencia para llevarla más cerca de Él, y su mayor tesoro será un sentido profundo de su presencia. Él pondrá todo en orden, y Él es el único que lo puede hacer.

Recuerde que no importa lo oscura que su situación pueda llegar a ser, Él es la luz de su vida y su luz nunca se apagará. No importa si reposan nubes negras sobre usted, Él la elevará sobre la tormenta y la llevará al consuelo de su presencia. Sólo Dios puede tomar su pérdida y llenar ese espacio vacío con algo bueno. Sólo Dios puede quitar el peso de su dolor y secar sus lágrimas. Invítelo a que lo haga. Cada vez que usted se eleve por encima de las dificultades de su vida y encuentre la bondad, la claridad, la paz y la luz del Señor, su fe aumentará. Dios se encontrará con usted en medio de su dolor y no solamente le perfeccionará, sino que también aumentará su compasión por el dolor ajeno. A medida que continúe viviendo en la presencia del Señor, su gloria será revelada en usted.

Si Dios pudo ayudarme a sobrellevar esos dieciocho meses de dolor y lucha, Él también podrá ayudarla a usted a atravesar cualquier dificultad que enfrente. Él está allí para ayudarla. Esté consciente de Él en medio de su sufrimiento. Acérquese a Él y permítale que la sane, la purifique y la lleve a un nuevo conocimiento de Él.

UNA ORACIÓN PIDIENDO AYUDA EN MOMENTOS DIFÍCILES

Señor, te doy gracias en todo porque sé que tú reinas en medio de todas las cosas. Sé que cuando pase a través de las aguas profundas, tú estarás conmigo y las aguas no me cubrirán. Cuando pase por el fuego, no me quemaré, ni la llama me tocará (Isaías 43:1-2). Tú lo haces porque eres bueno y has enviado tú Espíritu Santo para ser mi Consolador y Ayudador en medio de las dificultades.

Señor, espero en ti hoy. Pongo mi esperanza en tu Palabra y te pido que me llenes de nuevo con tu Espíritu Santo y limpies toda mi ansiedad y duda. Haz brillar tu luz en cada rincón oscuro de mi alma que necesite ser expuesto. No quiero que mi impaciencia o falta de confianza se interponga en medio de todo lo que tú deseas hacer en mi vida en este momento. Me doy cuenta que no importa lo difícil que la vida sea, con tal que me aferre a ti continuaré adelante en el camino que tú tienes para mí. Ayúdame a esperar en ti y a no perder mi paciencia con las circunstancias simplemente porque mis planes no se ajusten a los tuyos. Ayúdame a entender tus caminos y a no ceder ante el desánimo. Fortalece mi fe para depender de tu tiempo perfecto para mi vida. Ayúdame a descansar en ti y a estar contenta cualquiera que sea la situación en la que esté ahora. A la vez, te pido que me sanes, restaures, redimas, transformes y traigas vida nueva a mi situación. Enséñame lo que necesito aprender y ayúdame a salir triunfante de este período, para que pueda elevarme por encima de la tormenta a tu lugar de perfecta paz. Amén.

ACERCA DE LA AUTORA

Stormie Omartian es la autora de los éxitos de librería *El poder de la mujer que ora*, *El poder de la esposa que ora*, *El poder del esposo que ora* y *El poder de los padres que oran*. Es una consumada autora de canciones y ha viajado por todos los Estados Unidos como conferencista de *Aspiring Women* [Mujeres que aspiran]. Ella y su esposo, Michael Omartian — ganador de un premio Grammy como productor— llevan veintinueve años casados y tienen tres hijos adultos.

VERSÍCULOS QUE INSPIRAN

"[Dios] les fue favorable, porque esperaron en él".
(1 Crónicas 5:20)

"Y ésta es la confianza que tenemos en él, que si pedimos alguna cosa conforme a su voluntad, él nos oye".
(1 Juan 5:14)

"Porque los ojos del Señor están sobre los justos, y sus oídos atentos a sus oraciones".
(1 Pedro 3:12)

"Estad siempre gozosos. Orad sin cesar. Dad gracias en todo, porque ésta es la voluntad de Dios para con vosotros en Cristo Jesús".
(1 Tesalonicenses 5:16-18)

Viviendo más allá de las circunstancias de la vida

❧

JONI EARECKSON TADA

Acercaos a Dios, y él se acercará a vosotros.
—SANTIAGO 4:8

Cuando me lesioné en un accidente al tirarme de cabeza al agua hace muchos años, pasé mucho tiempo hablando con consejeros y terapeutas. Acababa de quedar paralizada desde el cuello para abajo y me hicieron una variedad de preguntas básicas sobre mi psique y autoestima; pero yo tenía preguntas muy importantes que hacerles a ellos: "¿Cómo voy a poder manejarme en la vida en este estado? ¿Habrá algún momento en que *no* estaré deprimida? ¿Qué de mi futuro?". Tristemente, ellos no me ofrecieron ninguna respuesta. Sin embargo, como cristiana yo sabía (aunque de manera vaga) que la Biblia tal vez tenía algunas respuestas para mis problemas. Cuando estaba en el hospital tuve tiempo de sobra para escudriñar las Escrituras, ya que me pusieron en una "camilla Stryker" por todo un año. La camilla Stryker me hizo sentirme como un sándwich largo y plano de lona. Me acostaban boca arriba por un par de horas y luego las enfermeras ataban otra pieza de lona sobre mí, me volteaban y luego permanecía boca abajo. Mientras me mantenía en esta posición "boca abajo", utilizaba un palillo que agarraba con mis dientes y trabajosamente volteaba las páginas de mi Biblia buscando respuestas.

Pero la Biblia me hizo sentirme irritada, pues todo lo que leía parecía muy alejado de mi realidad. Me encontraba una y otra vez con frases como: "nos regocijamos en nuestros sufrimientos". Como miembro de la iglesia Episcopal Reformada, traté de acordarme de lo que había aprendido del *Libro de Oración Común,* uno o dos versículos, o un himno. Pero tampoco no me ayudó mucho.

Después de un año me quitaron de la camilla Stryker, y mi depresión se hizo más profunda a medida que comencé a comprender más la realidad de mi situación. Las enfermeras me pusieron en un cuarto con otras cinco muchachas, y hubo muchas noches en que quería llorar desesperadamente, pero no lo hice. Si lloraba, las lágrimas se acumularían en mis ojos y me picarían. Por la noche no había nadie que me ayudara a sonarme la nariz, y como no quería estar desaseada, no me permitía a mí misma llorar; así que me volví un poco estoica en aquel entonces. La gente, por supuesto, me pregunta frecuentemente: ¿Cuando llegó el cambio? ¿Cuál fue el punto decisivo? ¿Cuál fue el pasaje que cambió su vida?

Durante los interminables meses que pasé en el hospital, yo estaba muy agradecida por mis amigos cristianos que venían a visitarme. Ellos cargaban sus Biblias, pero también traían sus guitarras, sus pizzas, y sus álbumes de Simon y Garfunkel; y yo les molestaba con mis preguntas. Fue mi compañera de hockey de la universidad, Jackie —quien era otra joven como yo, pero que amaba a Jesús— quien me ayudó a vencer mi depresión. Yo le había preguntado: "¿Por qué yo? ¿Cómo voy a manejar esto?". Hay algo interesante sobre la pregunta: "¿por qué?", pues nunca es una pregunta abstracta o teórica. No es como ir a un pizarrón y escribir una solución rápida. El sufrimiento nunca es algo calmado, lejano, o sin emoción. No puede darse una respuesta de forma organizada y pulcra. Cuando sufrimos, preguntamos "¿por qué?" con emoción intensa. ¡Estamos enojados! Yo estaba muy agradecida por mis amigos, especialmente por Jackie, quien parecía, de una manera ingenua, como cuando se tienen diecisiete años, capaz de absorber mi ira así como mis preguntas.

Una noche, cuando mis compañeras de cuarto estaban dormidas y yo luchaba con una de esas "noches desesperantes" a las 2:00 de la mañana, me cansé de ser estoica. De repente, volteé mi cabeza y vi pasar por la puerta de mi cuarto una figura gateando sobre sus manos y rodillas. En la sombra, no podía reconocer quién era, pero la persona se acercó más, pasando a hurtadillas por delante de mis compañeras de cuarto en la oscuridad hasta que sus manos se asieron de la baranda de mi cama y me miró de cerca.

—¡Jackie!—exclamé—. ¡Jackie, si te pillan, te van a echar de aquí a patadas!

—Chitón—susurró ella—.

Mas tarde me enteré que después de las horas de visita ella se escondía en el salón de visitas detrás de un sofá, de manera que cuando las enfermeras fueran a tomar un descanso, ella pudiera gatear hasta mi cama. Se puso en pie, situó sus manos sobre la baranda y la bajó. Y luego, como hacen las chicas de diecisiete años, especialmente las amigas que han disfrutado de la compañía mutua en muchas fiestas nocturnas en casa de las amigas —fiestas de pijama—, ella se acostó en la cama conmigo, se acurrucó, puso su cabeza sobre mi almohada, y no dijo ni una palabra. Pero en voz muy baja, en las sombras, para no despertar a mis compañeras de cuarto, empezó a cantar. "Él llevó la cruenta cruz, para darnos vida y luz, ya mi cuenta Él pagó, ¡Aleluya! ¡Es mi Cristo." Y entonces, ella tomó mi mano entre la suya, con nuestros dedos entrelazados (ella sabía que mi parálisis era tal que yo no podía sentir su mano), y levantó mi mano para que yo pudiera verla. Luego empezó a cantar ese himno otra vez suavemente. "Él llevó la cruenta cruz, para darnos vida y luz, ya mi cuenta Él pagó, ¡Aleluya! ¡Es mi Cristo."

Yo sé que Dios tiene las respuestas. Estos treinta y cinco años de parálisis han sido como un salón de clases para mí al descubrir la riqueza, la profundidad, la maravilla y la dulce satisfacción de todo lo que la Palabra de Dios contiene para las personas que sufren. Dios tiene sus razones: una fe refinada, un carácter más fuerte y un corazón purificado son tan sólo algunas respuestas a la pregunta: "¿Por qué?". Pero cuando usted sufre, y su corazón está siendo exprimido como una esponja, o se siente paralizada y sus emociones están todas confundidas, una lista de dieciséis razones bíblicas sobre el porqué todo eso está pasando puede doler como cuando se pone sal en una herida. El sangrar no se detiene simplemente cuando alguien lanza respuestas, aunque puedan ser buenas, correctas y verdaderas. Cuando usted está sufriendo por la pérdida de su cuerpo o por otras luchas personales, las respuestas no muchas veces tocan el dolor que está en sus entrañas y en su corazón. Cuando una persona está sufriendo, como yo lo estaba al principio cuando me lesioné, es como una niña que ha sido herida y se vuelve a su papá, grande y fuerte, y le dice: "¿Papi, por qué?". Yo no creo que un buen padre mire a su hija y le diga con frialdad: "Bueno, hija, me alegra mucho que hayas hecho esa pregunta. Mira, mi plan para ti en todo esto es "tal y cual". No, una niña herida quiere que su papá se agache, la alce, la apriete contra su pecho y le diga: "Ya, ya, mi amor, todo va a ir bien. Papi está aquí."

Esa es la súplica de nuestro corazón, ¿cierto? Deseamos seguridad. Aún más, deseamos la seguridad paterna de que hay un orden para nuestra realidad dolorosa que, de alguna manera, transciende a nuestros problemas. Queremos seguridad de que nuestro mundo no se nos está cayendo encima. Deseamos seguridad de que nuestro mundo tiene orden y estabilidad y es, de alguna manera, seguro. Queremos que Dios esté en el centro de todo, que tenga el control. Él debe de estar en el centro de nuestros sufrimientos y Él debe de ser bueno. Él debe ser nuestro "papi": caluroso, bondadoso y lleno de compasión. Ese es nuestro clamor cuando preguntamos: "¿Por qué?". El problema del sufrimiento no tiene que ver con cosas; tiene que ver con alguien. De manera que la respuesta no se halla en las cosas, sino más bien en alguien. Y Dios, como cualquier buen papá, no da tanto respuestas, sino que se da a sí mismo.

Dios, como cualquier buen papá, no da tanto respuestas, sino que se da a sí mismo.

Cuando empecé a comprender esto, después de dos años en el hospital, hubo noches en que dejé de ser estoica y más bien visualizaba a Jesús llegando a visitarme. No que lo viera en realidad, sino que lo imaginaba rompiendo las reglas tal como lo había hecho Jackie, entrando a hurtadillas a mi cuarto. Y Él caminaba hacia mi cama, bajaba la baranda y se sentaba en la orilla de mi colchón. Con una mano acariciaba mi cabello suavemente, y con la otra me mostraba las cicatrices donde los clavos había penetrado. Y me decía: "Joni, si yo te amé lo suficiente como para morir por ti, ¿puedes entonces confiar en mí para darte respuestas?". Dios, como un buen padre, se nos ofrece a sí mismo. En el Salmo 18, Él es una fortaleza para las personas como yo, que luchan por hallar respuestas y desean ser rescatadas. En el Salmo 2, Él es un Padre para el huérfano. En Isaías 62, Él es el Novio de la viuda. En Isaías 54, Él es el Esposo de la mujer soltera que teme que nunca se casará. Y en Éxodo 15, Él es el Sanador del enfermo. En Isaías 9, Él es un Consejero maravilloso para el maníaco depresivo. En Juan 4, explica que Él es el agua viva para el sediento, y en Juan 6, Él es la puerta hacia el cielo para los que tienen hambre de algo más de lo que este mundo ofrece.

La cuestión no es cómo o porqué creó Dios el sufrimiento. La cuestión es que Él es la respuesta, y nosotros le necesitamos a Él. Y eso es lo que Jackie me hizo recordar la noche en que gateó hasta mi cuarto en el hospital. "Varón de dolores." Ella no dijo ninguna otra cosa, sino solo eso. Así que comencé a comprender una verdad sumamente importante: Dios es bueno. Y en los años siguientes, a medida que continué volteando las páginas de la Biblia con mi palillo en la boca, me di cuenta cada vez más que Dios es bueno. Él es supremamente bueno en medio del sufrimiento; sí, porqué Él nos *da* respuestas, pero aún más porque Él *es* la respuesta. Él no nos ofrece muchas palabras; Él es la Palabra. Y si es usted la persona que está en el centro del universo, si es usted como Hechos 17:28 y todo se mueve y vive y existe en usted, no puede hacer otra cosa sino darse a sí misma Si usted se ha dado a sí misma, lo ha dado todo.

Yo aprendí desde el principio en esta silla de ruedas que Dios no me debía ninguna explicación. Él dio suficiente explicaciones en la cruz. Él no me proporcionó las palabras que yo buscaba al comienzo de mi parálisis. Más bien, Él es la Palabra. La Palabra hecha carne, manos casi arrancadas, clavadas a una cruz, vómito, saliva, sangre restregada y reseca, odio intenso, moscas volando. Esos no son simples hechos sobre el amor del Señor Jesús. Como un santo dijo una vez: "Esto es amor vertido como el vino y tan fuerte como el fuego." Y siendo una persona que sufre, me consuela saber que Jesús padeció una muerte turbulenta en la cruz. Estoy muy agradecida de que nuestro Dios no sea un místico gurú sentado en una montaña con los brazos cruzados, sino que es nuestro Salvador, quién sufrió una muerte turbulenta y sangrienta, extremadamente dolorosa a manos de hombres vengativos y malignos.

Dios permite el sufrimiento para que no haya barrera alguna entre Él y yo. Cuando sufrimos, estamos más dispuestas a caer de rodillas y, cuando lo hacemos, nuestros corazones se abren al Señor. Y entonces nada nos separará del amor de Cristo: ni tribulación, o angustia, o peligro, o espada. "Por lo cual estoy seguro de que ni la muerte, ni la vida, ni ángeles, ni principados, ni potestades, ni lo presente, ni lo por venir, nos podrá separar del amor de Dios, que es en Cristo Jesús Señor nuestro" (Romanos 8:38) Naturalmente, dudamos de la bondad de Dios cuando experimentamos el divorcio o la depresión, o cuando leemos los titulares en los periódicos sobre miles de personas muertas en un terremoto en Turquía. Y continuaremos dudando hasta que comencemos a ver la bondad de Dios en Jesús. Tenemos que mirar a Jesús. Dios tiene una perspectiva diferente a la suya y a la mía cuando se trata de dificultades, sufrimientos, parálisis y hogares rotos. Sea que se trate de violencia, guerra, divorcio o depresión clínica, Dios lo permite, lo ordena o lo decreta, no importa el verbo que usted use. Satanás no controla la agenda del mundo; Dios lo hace. Y si Él no la controlara, estaría simplemente reaccionando a las maquinaciones diabólicas, y todos sabemos que ese no es el Dios de la Biblia.

¿Por qué tiene Dios a este mundo preparado para la frustración, programado para el dolor, y devastado por la desilusión? Después de treinta y cinco años de parálisis, creo que puedo finalmente contestar a esa pregunta con confianza. Mañana por la mañana, cuando me despierte, escucharé a mi amiga abriendo el grifo del baño en nuestra habitación en el hotel, y luego solicitará que nos traigan café a la habitación. Mis ojos aún no estarán del todo abiertos, pero susurraré: "Dios, no creo que pueda aguantar otro día más así. Señor, para mí el vivir eres tú, pero te diré algo: el morir sería ganancia. Estoy muy cansada; estoy muy cansada de este dolor en mi cuello y en mi hombro. ¿No es suficiente que esté paralizada? Es decir, ¿no he rellenado ya la cuota de pruebas de mi vida?

¿Por qué tengo que tolerar este dolor? Y Dios, ni siquiera puedo mirar a mi amiga con una sonrisa esta mañana. Te necesito, te necesito desesperadamente. Requiero de ti. Te estoy pidiendo ayuda urgentemente. Ayúdame, Señor Jesús. No tengo una sonrisa para mi amiga ni para nadie esta mañana, así que, por favor, préstame tu sonrisa. Te necesito".

Creo que fue M. Scott Peck quien dijo en uno de sus libros: "La vida se supone que sea difícil." Mi frase favorita en su libro es un eco de las palabras de Jesús: "En el mundo tendréis aflicción" (Juan 16:33). Y supongo que esta es la razón por la cual me encanta 2 Corintios 4:7-10, que dice, en esencia: "Estamos atribulados en todo, mas no angustiados; en apuros, mas no desesperados; perseguidos, mas no desamparados; derribados, pero no destruidos."

La vida diaria se supone que sea difícil. Cada día se supone que experimentemos algo de la muerte del Señor Jesucristo de modo que podamos, a su vez, experimentar el poder y la vida de Jesús en estos cuerpos nuestros.

Y luego, he aquí, cuando mi amiga llega a la cabecera de mi cama con una taza de café y me quita mis cobijas, yo vuelvo mi cabeza hacía ella y, de repente, tengo una sonrisa. Pero no vino de mí. Llegó directamente del cielo.

Abraham Lincoln dijo una vez: "Es esta debilidad la que nos continúa impulsando, llevándonos a Dios por la convicción abrumadora de que no tenemos otro lugar adonde ir. No hay otra ayuda sino Él. No hay esperanza sino en Él". Yo le pregunté a mi terapeuta físico si había forma alguna de disminuir el dolor de mi cuello y mis hombros. Deseaba tanto que hubiera algún medicamento o tratamiento, pero mi única esperanza está en Jesús. ¿No es interesante como Él lo tiene todo arreglado de antemano? Tenemos que ir a Él para recibir fuerza y ayuda, esperanza y perspectiva, y aún la capacidad de sonreír. De hecho, todos tenemos una bendición doble. Filipenses 3:20-21 dice: "Mas nuestra ciudadanía está en los cielos, de donde también esperamos al Salvador, al Señor Jesucristo; el cual transformará el cuerpo de la humillación nuestra, para que sea semejante al cuerpo de la gloria suya." No es de extrañar que Romanos nos diga que debemos regocijarnos en la esperanza. Si en verdad entendiéramos lo que algún día experimentaremos en el cielo, nos regocijaríamos mucho más. Aún en nuestro dolor, nos regocijaríamos. No tenemos nada y, sin embargo, lo tenemos todo en nuestra esperanza futura. Un día yo tendré un cuerpo nuevo. Y Apocalipsis 7:17 dice que Dios personalmente enjugará nuestras lágrimas. ¿No es eso grandioso? Dios personalmente enjugará mis lágrimas. ¿Y no es irónico que cuando finalmente recupere el uso de mis manos a fin de secar mis propios ojos, ya no tendré lágrimas que secar?

Larry Crabb dijo una vez algo así: "La tierra nunca fue destinada para cumplir sus promesas". El mundo aplasta nuestras ilusiones con una razón: no tenemos por qué sentirnos cómodas aquí en esta tierra, la cual está destinada a la decadencia y el deterioro. El sufrimiento hace encoger nuestros zapatos, de manera que los zapatos del mundo no nos quedan, lo cual nos obliga a poner el otro pie en el cielo. Así que un día, cuando tenga mi cuerpo nuevo y esplendoroso, me levantaré con mis piernas resucitadas y alzaré en alto mis manos, extenderé mis dedos, y gritaré a todo el mundo en el universo entero: "El Cordero que fue inmolado es digno de tomar el poder, las riquezas, la sabiduría, la fortaleza, la honra, la gloria y la alabanza" (Apocalipsis 5:12). Soy solo un capullo aquí en esta tierra, pero algún día floreceré.

Y con ese nuevo cuerpo glorificado vendrá un nuevo corazón glorificado. La gente a menudo piensa que lo que más me emociona es el tener un cuerpo nuevo, pero lo que más me emociona es tener un corazón nuevo. No más adoración superficial y distraída al Señor. No más distracciones. No más maldad ignorante. No más venganzas triviales. No más confesiones de pecado, aunque me gusta mucho la confesión en el *Libro de Oración Común* que dice: "Padre todopoderoso y proveedor, nosotros como ovejas hemos errado y nos hemos extraviado. Hemos seguido nuestro propio camino. Hemos seguido demasiado los inventos y deseos de nuestros propios corazones. Hemos ofendido tus santas leyes. Hemos dejado incumplidas las cosas que debíamos haber hecho y hemos hecho cosas que no debíamos haber hecho."

Así que cuando yo llegue al cielo en mi nuevo cuerpo resucitado, esto es lo que espero hacer. Puede que sea teológicamente incorrecto, pero espero poder llevarme conmigo mi silla de ruedas. No la aerodinámica para viajes, sino mi silla de ruedas vieja que utilizaba en el sur de California: mi chatarra vieja y polvorienta. Eso es lo que quiero tener a mi lado cuando esté delante de Jesús, porque entonces podré decir: "Señor Jesús, ¿ves esta cosa? Pues bien, antes de que la mandes al infierno, hay algo que quiero decirte. Estuve en esta cosa por más que tres décadas y tú tenías razón: en este mundo sí que tuve tribulación. Pero cuanto más difícil era la vida en esa silla de ruedas, más me apoyaba en ti. Y cuanto más me apoyaba en ti, Señor, más fuerte descubrí que eras. La aflicción fue ligera y momentánea en comparación con el privilegio que fue participar en la comunión de tus padecimientos. Tú moriste por el pecado, yo morí al pecado, y fue así como llegué a ser como tú en tu muerte. Y si yo no hubiera quedado paralizada, no creo que me hubiera preocupado de tales cosas. Pero Señor, en el proceso de participar de tu sufrimiento, me acerqué mucho más a ti. Sentí tu fuerza. Pude revelar a otros tu sonrisa y, milagrosamente, mi corazón palpitó a ritmo con el tuyo."

La gente me ha preguntado: "Si pudieses, ¿quisieras ser sanada?". Yo siempre les digo: "Claro, pero no si eso pusiese en peligro mi intimidad con Dios en este lugar de dolor". ¿Recuerdan esos versículos bíblicos que mencioné anteriormente, que fueron en un tiempo tan irritantes y fuera de la realidad? Versículos como: "Considera tus aflicciones ligeras y momentáneas"? Esa forma de pensar solamente es posible cuando la comparamos con el cielo. El cielo es lo fundamental para el cristiano. Y nunca piense en el cielo como si fuera una muleta psicológica que no debe mencionarse. ¡El cielo es definitivamente una realidad! La tierra es solamente la primera página de nuestras vidas. La historia real todavía espera ser revelada, y debemos reforzarnos con la esperanza viva del cielo.

Las aflicciones, de manera extraña, no son mas que malestares momentáneos cuando dirigen a la gente a Jesús. ¿Lucha usted con heridas? ¿Se siente usted rechazada? ¿Se siente usted abandonada por su esposo? Jesús fue el hombre más abandonado por Dios que jamás haya vivido. ¿Y sabe usted por qué? Para que pudiera decir a los necesitados: "No te desampararé, ni te dejaré". ¿Se siente sola, olvidada por sus amigas? El mismo Jesús no pudo hacer que sus tres mejores amigos pasaran una hora en oración con Él en el momento más critico de su vida (Marcos 14:37). Si usted siente como si el mundo le hubiera abandonado, hizo eso mismo primeramente con Jesús. ¿Desciende Dios al infierno suyo? Sí, lo hace. El Dr. Peter Kreeft dijo: "Usted puede aguantar casi cualquier cosa, aun desplomarse sobre una cama de hospital, muriéndose de cáncer; usted puede aguantar casi cualquier cosa si sabe que Dios está a su lado".

TRISTEZA INTERMINABLE

No hace mucho celebré el reencuentro con mis compañeros de secundaria. Estaba muy emocionada de mostrarles a mi esposo, Ken. Llevábamos diecisiete años casados, y vivíamos en el sur de California. Iba a ser muy divertido subirme en un avión y volar hacía el este para mostrarle a mis amigos de secundaria a mi esposo y descubrir lo que ellos habían hecho con sus vidas. Llamé al presidente del comité del reencuentro y le dije:

—Qué divertido va a ser esto. Estoy deseando ver a Tommy y Linda Snuff. Y estoy muy emocionada de ver a mi amiga Jackie, mi antigua compañera de jockey.— Pero hubo un silencio al otro lado del teléfono.

—Oh, Joni—dijo mi amigo—, ¿no te has enterado? Bueno, no, supongo que no pudiste, porque ocurrió anoche. Salió en las noticias de la tarde.

—No, ¿qué pasó?— pregunté.— Yo sabía que Jackie había pasado por algunos tiempos difíciles en los años recientes. Su esposo la había dejado a ella y a sus dos hijos. Uno de ellos había estado luchando mucho con un ataque de depresión. Él había hecho una profesión de fe, pero después se apartó y se juntó con malas compañías.

—Bien, el hijo de Jackie se prendió fuego a sí mismo en la casa de su padre anoche y quemó todo el lugar, incluyendo a sí mismo. Dejó una nota de suicidio en el buzón del correo. No creo que Jackie venga al reencuentro, Joni.— Colgué e inmediatamente intenté llamar a mi vieja amiga, pero no me puede comunicarme con ella. Así que hice lo mejor que pude: Le escribí una carta a mi amiga:

Querida Jackie:

Ken y yo estamos planeando estar en Baltimore y espero que podamos vernos entonces. Si es así, yo quiero tomar tu mano de la misma manera que tú una vez tomaste la mía en el hospital. Y te quiero cantar suavemente como tú una vez me cantaste a mí "Varón de dolores". No sé qué otra cosa decirte sino eso. Que el Varón de dolores sea tu consuelo. Y al igual que en el hospital, espero que tú también sientas lo que yo sentí una vez y hasta hoy día recuerdo: un extraño sentimiento de paz sobre mí. No respuestas, sino paz. ¿Recuerdas esa noche de hace treinta años? Yo nunca la he olvidado.

Ken y yo fuimos al reencuentro, y compartimos una cena tranquila con Jackie justo antes del reencuentro. No hablamos sobre las respuestas, pues el dolor todavía era demasiado reciente. Pero ella me dijo esto: "Siempre que pierdo mi equilibrio —dijo ella mientras agarraba la cruz de oro que colgaba de su cuello— recuerdo esto: Cuando sientes dolor, cuando el corazón te duele, cuando acabas de quedar tetrapléjica, o tu esposo te deja, o tu hijo se suicida, el intentar hallar respuestas no tiene sentido. Las respuestas existen y llegarán a su tiempo. Pero hay un lugar, probablemente el lugar más importante en la recuperación de una persona, cuando es apretujada contra la sangrienta cruz, la cual huele a orina y sudor y hedor de la muerte de Cristo. Y como dijo Thomas Bentley: 'La única respuesta que satisface es pensar en esa aflicción mayor: la de Cristo en la cruz.' Algún día Él nos dará la llave que abrirá todas las cosas y que nos ayudará a darle el sentido a todo. Hasta entonces, apoyarnos en el Varón de dolores es suficiente".

৵৶

ACERCA DE LA AUTORA

Joni Eareckson Tada es la fundadora y presidenta de *Joni and Friends (Joni y sus Amigos)*. Ha escrito más de veinte libros, sirve como persona asignada a la presidencia del Consejo Nacional de Discapacidad, y es columnista para la revista *Moody Monthly*. Su programa radial alcanza a millones de oyentes en más de setecientas estaciones en los Estados Unidos, aunque su ministerio en sí tiene un alcance mundial. Joni está casada con Ken Tada desde 1982.

VERSÍCULOS QUE INSPIRAN

"Cuando me acuerde de ti en mi lecho,
Cuando medite en ti en las vigilias de la noche.
Porque has sido mi socorro,
Y así en la sombra de tus alas me regocijaré.
Está mi alma apegada a ti;
Tu diestra me ha sostenido". (Salmo 63:6–8)

"Pero si esperamos lo que no vemos, con paciencia lo aguardamos". (Romanos 8:25)

"Nunca más llorarás; el que tiene misericordia se apiadará de ti; al oír la voz de tu clamor te responderá". (Isaías 30:19)

"Y a Aquel que es poderoso para hacer todas las cosas mucho más abundantemente de lo que pedimos o entendemos, según el poder que actúa en nosotros, a él sea gloria en la iglesia en Cristo Jesús por todas las edades, por los siglos de los siglos. Amén". (Efesios 3:20–21)

Cómo manejar los conflictos

❦

LESLIE VERNICK

Bienaventurados los pacificadores,
porque ellos serán llamados hijos de Dios.
—MATEO 5:9

Cuando yo era niña, una de las primeras canciones infantiles que aprendí fue "Azúcar y especias y cosas buenas, de esto están hechas las niñas." Los niños, sin embargo, están hechos de "culebras, caracoles, y colas de cachorros", y cosas así de feas. Desgraciadamente, el legado de toda esta dulzura nos ha seguido hasta la madurez femenina. No tenemos conflictos, ¿cierto? Ciertamente no si somos mujeres *cristianas.*

A medida que reflexionaba, me trasladé a mi niñez y a las cosas que aprendí de niña sobre cómo manejar los desacuerdos. Las heroínas de mis cuentos nocturnos favoritos me enseñaron mucho.

Primero estaba Blanca Nieves, quien vivía en un castillo con su padre —aunque él casi nunca estaba en casa— y su malvada madrastra, quien detestaba a Blanca Nieves debido a su belleza. Blanca Nieves, siempre inocente, era inconsciente del odio de su madrastra y pareció genuinamente sorprendida cuando el cazador le explicó que su madrastra la quería ver muerta. Pero Blanca Nieves no intentó resolver el conflicto, ni tampoco se lo comentó a nadie; ella sencillamente decidió huir y terminó viviendo con los siete enanitos. Después que la madrastra la encontró y le dio una manzana envenenada, Blanca Nieves necesitó de un príncipe guapo que la rescatara.

La segunda heroína de mi niñez fue Cenicienta. Pobre, dulce, e inocente, la Cenicienta vivió con su madrastra y dos hermanastras feas. Ella se encontró en un conflicto perpetuo con las tres; pero nunca dijo nada. Nunca habló con nadie de la forma en que la maltrataban. Sin embargo, ella tenía un hada madrina que le ayudó, y al final, ella fue rescatada por un príncipe azul.

Mi tercera heroína fue la Bella Durmiente. Dinámicas similares, pero en este punto usted ya ha agarrado la idea. Las mujeres de mi época crecieron pensando que las niñas crecían para convertirse o bien en mujeres bonitas, dulces, e indefensas, o bien en mujeres feas, malvadas, o perversas. Esas eran las dos opciones. Teníamos pocas heroínas fuertes y bondadosas, dulces y firmes. Ellas eran o pasivas o agresivas.

Comprensiblemente, algunas de nosotras crecimos sintiéndonos como una Cenicienta. Y como mujeres cristianas quizás nos sintamos más incómodas ante los conflictos que nuestras contemporáneas no cristianas, porque también aceptamos el mandato de amar a otros como Cristo nos ama. Pero luchamos para honrar ese mandato viviendo al mismo tiempo los mandamientos bíblicos de hablar la verdad en amor, amonestar a los que no andan en orden, confrontar el pecado, y ser la sal y la luz del mundo.

De hecho, como cristianas podemos a veces enfrentar un dilema: ¿Debemos aguantar y perdonar, o hablar y confrontar? ¿Qué hace usted cuando enfrenta conflictos en el trabajo, la iglesia, o en el hogar? ¿Se aísla? ¿Es usted del tipo pasivo, quedándose callada? O quizás usted sea más agresiva; habla lo que se le viene a la mente sin pensarlo u orar de antemano.

EL CONFLICTO Y SUS CAUSAS

El conflicto surge de puntos de vista opuestos entre una o más personas. A veces esto causa desacuerdo, pero otras veces el conflicto invita a valiosas discusiones. Normalmente, sin embargo, el conflicto estalla cuando no estamos de acuerdo con los pensamientos, sentimientos, o valores de alguien, y comienza una discusión donde cada persona defiende su punto de vista. Esencialmente, tratamos de defender nuestra posición y esperamos convencer a la otra persona de que vea las cosas a nuestra manera. Hay varias razones por las cuales estallan los conflictos, pero consideremos tres de ellas.

El conflicto puede venir cuando desaprobamos a alguien. En Números 12, María desaprobó la decisión de Moisés de casarse con una mujer cusita. Como resultado, ella creó discordia en el campamento y dijo cosas tales como: "¿Solamente por Moisés ha hablado Jehová? ¿No ha hablado también por nosotros?" (Números 12:2). Quizás algo similar le haya pasado a usted. Alguien no aprobó sus acciones y habló de usted a sus espaldas. Ellos crearon discordia a propósito. O quizás usted desaprobó a alguien o sus acciones. ¿Está usted tratando directamente con ellos o está hablando a otros, como contando chismes? ¿Están creando conflicto sus actos en el trabajo o en la iglesia?

El conflicto puede ocurrir debido a la envidia. 1 Samuel 29 relata la historia del rey Saúl y David. Al principio, ellos disfrutaron de una buena relación; David llegó a tocar el arpa para del rey Saúl. Pero cuando David mató a Goliat, la popularidad de David creció, lo cual llenó a Saúl de envidia, y finalmente, el conflicto surgió entre ellos. No fue realmente causado por la discordia en la relación de ellos, fue mas un problema en el corazón de Saúl. Él tenía celos de David.

El conflicto puede resultar del egoísmo. Santiago 4:1-2 dice: "¿De dónde vienen las guerras y los pleitos entre vosotros? ¿No es de vuestras pasiones, las cuales combaten en vuestros miembros? Codiciáis, y no tenéis; matáis y ardéis de envidia, y no podéis alcanzar; combatís y lucháis, pero no tenéis lo que deseáis, porque no pedís". A veces tenemos celos unos de otros. A veces simplemente somos egoístas. Peleamos porque no obtenemos lo que queremos.

Pero aclaremos algo: el querer algo o pedir algo *no* es ser egoísta. El egoísmo se produce cuando demandamos cosas sin considerar los sentimientos o los deseos de las otras personas. Todo lo que nos preocupa es obtener lo que queremos. Y cuando pensamos así, entramos en conflicto ya que otros no siempre estarán dispuestos a someterse a nuestras demandas.

El conflicto puede estallar cuando alguien le causa dolor o sufrimiento. La Biblia se refiere a esto como alguien "pecando contra usted". A veces, desde luego, esto sucede en cosas pequeñas. Quizás mi esposo se olvidó de ir al supermercado a pesar de que se lo dije tres veces. En esos momentos, Dios nos pide que soportemos, porque el amor cubre multitud de pecados. En otras situaciones, sin embargo, cuando alguien repite una ofensa o nos causa gran dolor, no debemos quedarnos en silencio. No siempre puede mantenerse la paz a cualquier costo, y tampoco debería hacerse así. Algo ha dañado la relación. El guardar silencio no es lo que Dios quería cuando nos llamó a ser pacificadores. A veces debemos hablar y arriesgarnos a tener un conflicto para llegar a una resolución en la relación, o por lo menos para recordar a alguien la necesidad de ser responsable y arrepentirse.

El conflicto ocurre porque la gente simplemente es diferente. No siempre pensamos de la misma manera. Tenemos que estar dispuestas a escuchar el punto de vista de otras personas y considerar su perspectiva pues, de lo contrario, habrá un conflicto.

Hablemos de la manera en que una mujer en la Biblia manejó el conflicto. La reina Ester ciertamente se encontró en medio de una crisis, pero en vez de quedarse callada, ella arriesgó su relación con el rey para traer paz a una situación difícil. Todo empezó cuando Amán, un oficial del rey, fue ascendido y se le dio autoridad sobre todos los otros siervos. Él ordenó a todos que le honrasen postrándose ante él. Un judío solitario llamado Mardoqueo rehusó inclinarse ante Amán, porque él creía que Dios era el único digno de adoración. Así que comenzó un conflicto entre Amán y Mardoqueo. Amán se enfureció tanto por las convicciones de Mardoqueo que engañó al rey para que firmara una ley en la que todos los judíos fueran asesinados en un día determinado.

Afortunadamente, Mardoqueo era el tío de Ester. "Ester —dijo él—, tienes que hacer algo. Tienes que hablar con el rey acerca de esta ley o todos vamos a morir." (Ester 4:8, 12-14, paráfrasis de la autora). De repente, nuestra dócil reina es lanzada a un conflicto en el que ella no tenía nada que ver. ¿Cómo manejaría usted una situación así?

Consideremos un escenario de nuestros tiempos. Su jefe le pide que haga algo que compromete sus convicciones un poquito. ¿Que haría usted? ¿Sería usted como Mardoqueo y se negaría? ¿Defendería usted sus creencias, o se dejaría llevar por la corriente para mantener la paz? ¿Hablaría usted aún si le costara su trabajo?

Quizás usted tenga tanto temor como Ester. Ella no sabía qué hacer, pero sabía que no podía ser pasiva; sabía que tenía que hacer algo. Naturalmente, fue una tentación preservar su propia seguridad y posición como reina y mantenerse en silencio, pero eso hubiera sido algo incorrecto. Ella tampoco fue agresiva. Pudo haber marchado directamente ante el trono del rey y haber dicho: "¡No puedo creer que tú hayas firmado esa ley tan estúpida!". Sin embargo, sólo se les permitía a las reinas entrar a la sala del trono si eran invitadas. Por esta razón, Ester temió por su vida. Hoy día no tenemos temor de acercarnos a las personas porque vayan a causarnos un daño físico, sino porque tememos que nos rechacen, se burlen de nosotras o piensen que nuestra posición es errónea o estúpida. O quizás perdamos nuestro empleo o seamos puestas en la lista negra, lo que impediría ascensos en el futuro. Así que nos quedamos calladas, sin decir una palabra. En estos casos, ¿qué debemos hacer? ¿Deberíamos ser pasivas o agresivas? Afortunadamente, Dios provee una tercera alternativa.

Jesús nos dice: "Bienaventurados los pacificadores, porque ellos serán llamados hijos de Dios" (Mateo 5:9). Dios no quiere que nos quedemos quietas. Demasiadas mujeres cristianas ven la pasividad como un fruto del Espíritu. Nos referimos a esto como la "sumisión" o como un "espíritu manso y dócil". Pero a veces no hablamos cuando debiéramos. Hay que abordar las situaciones donde hay abuso e injusticia, violencia doméstica, o cosas que lastiman a otros y nuestras relaciones.

Una de mis clientes descubrió que su esposo le era infiel con una de sus colegas, pero ella nunca lo confrontó. Decidió que iba a esperar, a soportarlo. En ocasiones, las mujeres son aplaudidas por su gran paciencia, pero la paciencia de mi clienta no vino del Espíritu Santo. Su posición de no hacer nada fue un producto de su temor, no de su fe. Temor a lo que su esposo diría, temor al conflicto, temor a la disolución de su relación. Pero el temor no es un fruto del Espíritu.

Recuerde esto: Jesús no nos llamó a ser *guardadoras* de la paz. Él nos llamó a ser *pacificadoras*.

CÓMO SER UNA PACIFICADORA

Identifiquemos lo que un pacificador es y hace, para entender lo que Dios quiere que hagamos para traer paz. El Salmo 34:14 dice: "Apártate del mal, y haz el bien; Busca la paz, y síguela". Hebreos 12:14 dice: "Seguid la paz con todos". Y Romanos 12:18 dice: "Si es posible, en cuanto dependa de vosotros, estad en paz con todos los hombres". Por consiguiente, un pacificador persigue la paz. Perseguir la paz es una acción; no es algo pasivo. Es algo que debemos *hacer*. El evitar un conflicto puede darle una ilusión de paz, pero no es una paz real. *Shalom* es una palabra hebrea que significa paz, pero implica una disposición a arriesgarse a un conflicto para traer paz genuina a la relación. El ser pacificadores no nos llega de manera natural. El ser una pacificadora sólo sucede cuando somos capacitadas por Dios. Un pacificador bíblico no es una persona despreocupada, que busca la paz a cualquier precio, o alguien que hace lo necesario para evitar la confrontación. Todos conocemos a gente así. Ellos a menudo andan con el auto en segunda velocidad; nunca son demasiado apasionados acerca de nada, porque nunca dejan que nada les moleste: ellos son guardadores de la paz.

En nuestra historia de la reina Ester, Mardoqueo ciertamente pudo haber consentido las demandas de Amán y haberse postrado ante él. No

> *El ser una pacificadora sólo sucede cuando somos capacitadas por Dios.*

era un gran problema, ¿cierto? Dios hubiera sabido que él no estaba *realmente* comprometiendo sus convicciones al postrarse ante Amán. No, incorrecto. Mardoqueo pudo haber intentado mostrar señal de paz, pero no hubiese sido paz verdadera porque la ley de Dios y su santidad habrían quedado comprometidas. Mardoqueo estaba dispuesto a cumplir con lo que él creía, a sabiendas que eso le causaría un conflicto con Amán.

La Biblia está llena de ejemplos de aquellos que estuvieron dispuestos a entrar en conflicto para lidiar con los problemas y promover la verdadera paz. Pablo confrontó a Pedro, cuando Pedro mostró favoritismo hacia los judíos de la circuncisión (Gálatas 2:11-13). Juan el Bautista confrontó a Herodes acerca de su relación adúltera (Mateo 14:3-5). Natán habló a David acerca de su aventura amorosa con Betsabé y del asesinato de su esposo (2 Samuel 12:1-7). Priscila y Aquila se acercaron a Apolos cuando pensaron que él estaba enseñando mala doctrina porque ellos querían estar seguros de que Apolos entendía la doctrina correctamente (Hechos 18:24-28). Y Jesús confrontó a los fariseos, no porque quería decirles que estaban en error, sino porque Él quería hacerles saber la verdad. Sólo entonces ellos poseerían la paz verdadera (Mateo 23:23-35).

Una pacificadora bíblica no opera en base a sus propias intenciones. De hecho, ella ni siquiera tiene esas cualidades de manera natural, ya que son un don del Espíritu. Una pacificadora genuina se vacía de sus deseos egoístas y de su interés propio. Una pacificadora está interesada en darle la gloria a Dios o poner los deseos de la otra persona en primer lugar, o en restaurar relaciones. Si usted está más preocupada por sus propias necesidades e intereses, usted no puede ser una pacificadora genuina.

CÓMO ALCANZAR LAS METAS DE UNA PACIFICADORA

Hasta el momento hemos considerado la mente y las metas de una pacificadora. Ahora consideremos ejemplos en las Escrituras para ver cómo se alcanzan estas metas.

1. Aprenda a escuchar y a ver el punto de vista de otros. Santiago nos dice que seamos lentos para hablar pero rápidos para escuchar (Santiago 1:19). Pero a menudo, no escuchamos muy bien, ¿no es así? Aun con nuestras amigas, a veces estamos mas interesadas en lo que queremos decir que en escuchar sus preocupaciones. Si quiere ser una pacificadora verdadera, debe aprender a escuchar y a ver las cosas desde el punto de vista de la otra persona.

Cuando estoy aconsejando parejas, ellos a veces comienzan

a discutir delante de mí. Una pareja con la que trabajé estaba a menudo en desacuerdo, pero nunca resolvían sus diferencias porque nunca se escuchaban respetuosamente; se interrumpían constantemente. Finalmente, los detuve y le pedí a la esposa que escuchara calladamente mientras que su esposo compartía su punto de vista. Ella cruzó sus brazos, torció los ojos y dijo: "Bien, que hable", pero su corazón no era receptivo y él lo sabía.

Necesitamos pedirle a Dios un corazón y una mente que estén dispuestos a escuchar las preocupaciones y los sentimientos de otros y no solo nuestras propias preocupaciones.

Al escuchar, no ataque la perspectiva o los sentimientos de la otra persona. Si usted lo hace, él o ella no estará dispuesto(a) a exponerse al escrutinio crítico. Haga un esfuerzo para tratar de ver el punto de vista de la otra persona. No siempre hay una manera correcta o errada en cada situación. Esté dispuesta a considerar las opiniones o perspectivas que usted no apoyó inicialmente. Sea flexible. Filipenses 2:3-4 dice: "Nada hagáis por contienda o por vanagloria; antes bien con humildad, estimando cada uno a los demás como superiores a él mismo; no mirando cada uno por lo suyo propio, sino cada cual también por lo de los otros". Este versículo no dice que no le prestemos atención a nuestros propios intereses; más bien dice que no le prestemos atención a nuestros intereses *únicamente*, sino que también considere los intereses de los demás. Si queremos ser pacificadoras, debemos preocuparnos por los intereses, preocupaciones, pensamientos, sentimientos y perspectivas de las otras personas.

49

2. *Diga la verdad, pero de una manera amorosa.* Lea Efesios 4 para ver cómo ser una pacificadora experta. Los conflictos nos pueden enojar, pero la Biblia nos dice que no pequemos en nuestra ira. Si tenemos que decir algo, debemos hacerlo con una actitud amorosa. Considere 1 Corintios 13, que dice que si hablamos en lenguas angelicales y no tenemos amor, seremos como un metal que resuena o címbalo que retiñe. Es difícil para la otra persona escuchar la verdad cuando se dice con ira o falta de respeto. La otra persona estará más a la defensiva, en vez de receptiva. En cambio, Proverbios 27:5-6 dice: "Mejor es reprensión manifiesta que amor oculto. Fieles son las heridas del que ama; pero importunos los besos del que aborrece". Las mujeres necesitan resistir la tentación de cerrar sus sentimientos y perspectivas simplemente para preservar la paz. A veces es crucial decir lo que se tiene que decir.

Debbie era una de mis clientes, y ella era muy pasiva; alguien que complacía a otros por naturaleza, y nunca sabía cómo decir no. Su amiga Lorraine decidió que como Debbie no trabajaba fuera del hogar, y Lorraine sí, le pediría a Debbie que lavara su ropa, ya que ella iba muy atrasada. Siendo una persona de buen corazón, Debbie le dijo a Lorraine que con gusto la ayudaría. Así que Lorraine le llevó su ropa y Debbie la lavó, la dobló, la puso en un cesto y se la devolvió. La semana siguiente, ¿adivina qué pasó? Lorraine le llevó su ropa, y Debbie la lavó otra vez. Semana tras semana, Lorraine le llevaba su ropa sucia para que Debbie la lavara, todo porque Debbie no supo cómo decir no. ¿Es usted así?

¿Está usted inicialmente dispuesta a ayudar pero después se siente ofendida?

En vez de decirle a Lorraine que no podía lavarle la ropa más, Debbie empezó a cerrar su puerta con llave para que Lorraine no tuviera lugar para dejar su ropa. Debbie tenía miedo de hablar porque sabía que esto causaría un conflicto entre ellás. Pero al no hablar, la relación definitivamente se deterioró, porque Debbie se sentía ofendida de que su amiga se aprovechara de ella. Finalmente, sacó fuerzas de flaqueza y dijo: "Lorraine, yo estaba contenta de lavar tu ropa la primera semana, incluso la segunda semana, pero realmente no quiero lavar tu ropa todo el tiempo. Vas a tener que encontrar a alguien que te ayude o hacerlo tú misma". Al principio, Lorraine se puso a la defensiva y se enojó, pero finalmente se dio cuenta que su amistad con Debbie era más importante que la ropa. Debbie también aprendió una importante lección: debe aprender a manejar el conflicto para mantener sus amistades. Si ella no le hubiera dicho nada a Lorraine, la relación al final hubiera terminado, pero Debbie aprendió a hablar la verdad en amor a su amiga: la verdadera marca de una pacificadora.

Desde luego, tenemos que resistir la tentación de ser imprudentemente sinceras. Cuanto más tiempo permitía Debbie que el resentimiento anidara en su corazón, más tentada se sentía a explotar e insultar a Lorraine. Pero la Biblia nos dice que las palabras imprudentes pueden ser cortantes como una espada. A veces nos enfurecemos porque sentimos que alguien se ha aprovechado de nosotras por mucho tiempo o que nos ha lastimado profundamente. Cuando eso sucede, explotamos. No pensamos en cómo manejar la situación en amor o de una manera constructiva; sencillamente dejamos que salga como salga. Yo comparo eso con el vómito. Nos sentimos mucho mejor una vez que está fuera de nuestro sistema, pero su lugar realmente está en la taza del baño, y no en otra persona. Por tanto, tenga cuidado cuando tenga muchos sentimientos fuertes cociéndose en su interior. Haga el esfuerzo de desahogar cualquier sentimiento destructivo de la manera menos destructiva, como por ejemplo escribirlos en un diario o escribir una carta que usted no piensa poner en el correo. Si usted puede dejar salir su negatividad antes de hablar con la persona con la que está enojada, finalmente hablará la verdad en amor y será constructiva.

SEPA CUÁNDO CONFRONTAR

No toda pequeña injusticia que le ocurra requiere una confrontación. Es molesto estar en una relación con personas que regularmente nos dicen todas las cosas que hacemos y que son molestas para ellos. La Biblia nos enseña a soportar y a darles a otros el beneficio de la duda. Pero hay ocasiones y situaciones que requieren que digamos algo. ¿Cómo sabemos, entonces, la diferencia?

Hay tres criterios que yo uso para evaluar si necesito hablar la verdad en amor o soportar y esperar pacientemente.

1. ¿Es esto algo que deshonra a Dios? ¿Trae la relación o situación deshonra al testimonio de nuestro Señor? Romanos

2:19-21 dice: "Confías en que eres guía de los ciegos, luz de los que están en tinieblas, instructor de los indoctos, maestro de niños, que tienes en la ley la forma de la ciencia y de la verdad. Tú,

> *Tenemos que resistir la tentación de ser imprudentemente sinceras.*

pues, que enseñas a otro, ¿no te enseñas a ti mismo? Tú que predicas que no se ha de hurtar, ¿hurtas?". Y el pasaje continúa diciendo en el versículo 23 que al quebrantar la ley, se deshonra a Dios. El apóstol Pablo señala que hay personas que tienen una posición de autoridad o liderazgo y, sin embargo, hay algo en sus vidas que deshonra a Dios.

Hace muchos años, mi esposo trabajó con un amigo nuestro que era muy activo en la iglesia. Él era un hombre muy bueno en muchos aspectos, pero tenía un problema: decía groserías cuando se enojaba. Quizás en su casa él podía salirse con la suya al disculparse, y la gente entendería que él estaba en proceso de crecimiento. Pero en el trabajo les habló a los demás del gozo de Dios y de sus responsabilidades como líder en la iglesia. Él repartía folletos e invitaba a otros a la iglesia, pero cuando se enojaba, les decía groserías. A menudo mi esposo, Howard, escuchaba el relato de sus problemas durante el día acompañado de las groserías. Finalmente, después de mucha oración, Howard decidió que tenía que hablar con su amigo, quién profesaba amar a Dios pero que le deshonraba con sus groserías. La paz necesitaba ser restaurada, y este hombre no podía continuar deshonrando a Dios y tener paz.

Me complace decir que este amigo fue receptivo a la sugerencia de Howard y, a través de la ayuda de otros hombres ante quienes él rendía cuentas, realmente empezó a trabajar en su lenguaje para la gloria de Dios. Así que cuando no se honra a Dios, debemos decir algo, y decir la verdad, pero siempre en amor.

2. ¿Están causando las acciones de otros daños a sí mismos? Muchas de nosotras tenemos por lo menos una amiga que está al borde del precipicio. Quizás una amiga suya esté jugando con la idea del adulterio. Quizás esté al borde de abusar de sus hijos física o emocionalmente. A veces sabemos de alguien que bebe demasiado o que usa sustancias que no debería de tomar y que la lastiman. Y, sin embargo, nunca decimos nada. No podría contar el número de mujeres que he conocido a través de los años y que han sido víctimas de violencia domestica o del adulterio, y han deseado que alguien de la iglesia se acercase al esposo descarriado y le dijera: "¿Qué está haciendo usted? No sólo está lastimando a su esposa, sino a usted mismo también. ¿Cómo le puedo ayudar?".

Gálatas 6:1 nos dice que si alguno es sorprendido en alguna falta, nosotros debemos restaurarle en espíritu de mansedumbre. Cuando vemos a alguien hacer algo dañino para sí mismo o para otros, debemos tener en mente que la restauración es nuestra meta, y debemos proceder cautelosamente. Cuando un viejo edificio es destinado para scr restaurado, el capataz no entra con un *buldózer*, sino con artesanos bien entrenados, los cuales restaurarán ese edifico para que vuelva a tener su belleza original. Cuando usted ve a alguien luchando con pecado en su vida, no lo destruya como un *buldózer*. No lo despedace (desgraciadamente, eso es lo que sucede a menudo). Sea delicada para poder llevar sanidad a otros, para sacarlos del pecado en el cual están atrapados. Al mismo tiempo tenemos que mirar nuestras propias vidas, para que nosotras no caigamos en la misma falta. Acérquese a la gente con una actitud de humildad, con oración, y con un espíritu de delicadeza.

3. *¿Arreglará la confrontación una relación rota?* Mateo 5 y 18 nos dicen que tomemos la iniciativa para arreglar una relación rota si alguien ha pecado contra nosotros o si alguien nos guarda resentimiento. La mayoría de la gente podría decir: "Yo no hice nada malo; que él o ella se disculpe conmigo". Pero Dios quiere que nosotras iniciemos la reconciliación. Si una relación ha sido dañada en cualquier manera y no es reparada inmediatamente, debemos ser pacificadoras yendo a la otra persona a propósito en un esfuerzo de reconciliación.

Mi familia vive en Chicago y yo vivo en Pennsylvania, así que los días festivos son especialmente difíciles. Yo aprendí a lidiar con my soledad invitando a todos los miembros de la iglesia que no tuvieran un lugar adonde ir durante el Día de Acción de Gracias, Navidad, Año Nuevo, y el Día del Trabajo. Sharon, una amiga mía, venía regularmente a mis reuniones y yo estaba muy feliz de que ella viniera a mi casa. Después de un tiempo, comencé a notar que Sharon nunca me invitaba a su casa. Me da vergüenza admitirlo, pero empecé a sentirme un poco resentida y a preguntarme si le caería bien. *Quizás Sharon solo me esté utilizando para recibir una comida gratis o para tener un lugar adonde ir durante los días festivos* —pensé yo. No pasó mucho tiempo hasta que la evitara, porque ciertamente yo no iba a confrontarla con una pregunta como: "¿Por qué no me has invitado a comer?".

Esto funcionó por un par de meses, pero mi resentimiento creció y Dios empezó a instarme diciendo: "Quiero que hables con ella". Finalmente, hice un trato con Él: yo hablaría con Sharon si Dios lo hacía muy obvio y fácil. Bien, no mucho tiempo después nos encontramos en la iglesia. Ella estaba subiendo las escaleras y yo estaba bajando. Yo tomé eso como la guía de Dios para que hablara con ella.

—¿Sharon, podemos hablar?—pregunté.

—Claro—dijo ella—. ¿De qué quieres hablar?

Inmediatamente, las lágrimas llenaron mis ojos y le dije:

—Sharon, para mí es difícil decirte esto, pero ¿por qué tú nunca me has invitado a comer?

Sorprendida, Sharon contestó:

—Simplemente, yo nunca organizo comidas, y nunca invito a nadie a comer. Mi casa es muy pequeña, no me gusta cocinar, y yo nunca podría hacer algo tan bueno e imaginativo como lo que tú preparas, Leslie. Me siento muy inferior e insegura en ese tipo de cosas. Yo nunca invito a nadie.

Resultaba que Dios estaba trabajando no sólo en mi vida, sino también en la vida de Sharon, acerca de la inseguridad y la timidez que gobernaban todo lo que ella hacía. Como resultado de los sentimientos de incomodidad acerca de su casa y de su habilidad para cocinar, ella había fallado en mostrarme amor a mí y a otras, como amigas suyas, al negarse a devolver el don de la hospitalidad. A propósito, Sharon finalmente me invitó a comer y todo le salió muy bien. Pero fue bueno para las dos hablar de este tema porque trajo verdadera paz a una relación lastimada.

CÓMO MANEJAN LOS CONFLICTOS LAS MUJERES

Hace algún tiempo, les pregunté a varias mujeres de mi iglesia cómo reaccionaban ante el conflicto en la iglesia, el trabajo, el hogar o con sus amistades. Interesantemente, todas dijeron sentirse incómodas con los conflictos, preguntándose si debían de decir algo u olvidarse del asunto. ¿Por qué hallamos que nos es más difícil que a algunos de nuestros hermanos cristianos el expresar nuestros sentimientos cuando vemos injusticia o cuando alguien nos hiere o peca contra nosotras? ¿Por qué se resisten las mujeres cristianas a compartir sus opiniones o pensamientos?

Un revelador estudio dirigido por la universidad de Harvard, nos dice mucho de lo que sucede en la mente de una niña en desarrollo. Este estudio fue conducido por dos investigadores de Harvard, Carol Gilligan y Lynn Brown, quienes hicieron una encuesta a más de cien jovencitas en un período de varios años, empezando desde los siete años de edad y continuando cada año hasta que las niñas llegaron a los dieciocho años. Estas niñas asistían a una escuela privada en Ohio y cada año se les hicieron las mismas preguntas:

¿Cómo muestras desacuerdo con otros? ¿Cómo te sientes cuando estás en una pelea o desacuerdo? ¿Cómo tratas con los conflictos en tus relaciones? ¿Qué valoras? Lo que las investigadoras encontraron no sólo las sorprendió, sino también las preocupó. Cuando las niñas eran más pequeñas, eran francas y abiertas acerca de sus creencias. No temían compartir sus sentimientos, a pesar de que les causara conflicto. Pero a medida que las jovencitas pasaban por la adolescencia, empezaron a perder su identidad. El ser buenas niñas se había convertido en algo más importante que la honestidad, y el dejarse llevar por la corriente era más crítico que tener convicción.

Las investigadoras de Harvard descubrieron que las jovencitas sabían la diferencia entre la honestidad y el fingimiento, pero a medida que llegaban a la adolescencia, empezaron a intuir otra realidad llamada "jugar al juego social". En este juego, jugado por muchos adultos, aprendemos a dejar muchas cosas sin decir. Hablar sinceramente acerca de lo que pensamos o sentimos es exponernos a que se nieguen nuestras experiencias, que se burlen de nuestros sentimientos o, peor aún, que se nos rechace. Y cuando nos enfrentamos con la opción de hablar o quedarnos calladas, las investigadoras descubrieron que muchas adolescentes escogieron quedarse calladas, aun cuando eso significara dejar de lado sus propias ideas y sentimientos. Las niñas también escogían fingir que todo iba bien cuando realmente no era así. Ellas no solo aprendieron esas lecciones de sus propias compañeras, sino también de mujeres más mayores, que seguían el mismo patrón de comportamiento en sus relaciones con otros.

Podríamos pensar que eso no les sucede a mujeres cristianas, pero yo no estoy de acuerdo. Creo que muchas de nosotras fingimos. Una mujer lo expresó así, al responder a uno de mis cuestionarios sobre el conflicto. Ella dijo: "Estas preguntas me han hecho pensar realmente sobre los conflictos. Al principio, asumí que no tenía ningún conflicto en mi iglesia o en el trabajo. Pero cuando me puse a pensar, me di cuenta que no experimento conflicto porque no soy totalmente honesta conmigo misma. Yo tiendo a dejarme llevar por la corriente y finjo que las cosas van bien cuando realmente no es así."

Durante mis sesiones de consejería, muchas mujeres me han dicho que evitan el conflicto porque temen ser aisladas en una relación. Ellas creen que si la gente las conociera, si conociera lo que piensan y sienten, serían víctimas de la burla, la trivialidad, o el rechazo. Una de mis clientas lo expresó de la siguiente manera: "Un poquito de algo es mejor que nada. Si dejo que alguien sepa lo que yo realmente pienso o siento, quizás sea rechazada y entonces me quedaré sin nada."

Los días festivos siempre son una época para posibles conflictos. Por ejemplo, en vez de decir: "Mamá, ya no quiero ir a casa para pasar la Navidad contigo y con papá, porque me gustaría celebrar esa tradición en mi propia casa", muchas mujeres evitan el conflicto al seguir los planes de sus padres. Actuamos como si todo estuviera bien, negándonos a compartir lo que realmente sentimos o pensamos, todo porque queremos evitar posibles problemas y rechazo. Desgraciadamente, se nos ha enseñado, a veces por nuestras propias madres y a menudo por nuestras amistades, a pasar por alto nuestros sentimientos, intuiciones y pensamientos para mantener la paz.

En mi casa, yo tengo un jardín donde planté unos lirios bajo la saliente del techo de mi garaje antes de darme cuenta que las flores no recibirían mucha luz del sol allí. Cada año me divierto al ver los lirios crecer horizontalmente en vez de verticalmente, ya que estiran sus hojas para encontrar un poco de luz del sol. Esas flores me recuerdan a las mujeres que complacen a los demás, las cuales siempre buscan la aprobación o el deseo de otros. Ellas se inclinan en la dirección de su nutrición o inspiración, y lo hacen en posiciones no naturales y enfermizas, dañando la persona que Dios quería que fueran. La verdad es que Dios no quiere que seamos mujeres "enfocadas en otras personas"; Él quiere que seamos mujeres "enfocadas en Dios". Él quiere que recibamos nuestro alimento y fortaleza de Él, para que cuando otros estén en desacuerdo con nosotras, no estemos tan enojadas. Dios quiere que tengamos la libertad de ser quienes realmente somos.

EL ARTE DE LA CONFRONTACIÓN

¿Cómo confrontamos, entonces, cuando es necesario? ¿Qué debemos hacer? Como la reina Ester hizo, lo primero que debemos hacer es orar. Necesitamos poner la situación en manos de Dios y pedirle la mejor resolución posible.

Lo segundo que tal vez tengamos que hacer es consultar con otras personas piadosas que nos ayuden a desarrollar un plan. Por favor, no use esto como una oportunidad para hablar mal de otras personas. De hecho, sería mejor no mencionar el nombre de la otra persona. Pero ayudaría mucho pedir buenos consejos en situaciones que podrían ser potencialmente explosivas.

Tercero, escoja el lugar y el momento perfectos para confrontar a alguien. Cuando Ester pidió hablar con el rey, ella lo invitó a comer. Pero, de alguna manera, ella supo que no era el mejor momento, así que lo invitó otra vez la siguiente noche. Escoger el tiempo correcto es crítico. No hable con alguien que esté de mal humor o cansado, o cuando no hemos planeado de antemano el momento para tener suficiente tiempo para hablar.

Siempre trate de confrontar en persona si es posible. Una carta anónima no es la manera de hablar la verdad en amor. Yo recibí una carta anónima una vez, y a pesar de que tenía puntos validos, me hubiera gustado hablar con esa persona cara a cara. Si es absolutamente necesario para usted escribir una carta, incluya su nombre para que le puedan responder. Una resolución pacífica debe ser la meta. Planifique sus palabras. Como escritora, sé que es difícil comunicar lo que usted quiere decir la primera vez. Las palabras deben ser escogidas cuidadosamente. Si somos imprudentes con lo que decimos, será como tirar gasolina sobre fuego, causando un daño increíble a una relación débil. Asegúrese de ser honesta, pero a la vez amorosa y hablar con un espíritu de gracia.

Mantenga en mente el interés de la otra persona cuando le hable. Sobre todo, busque restaurar la relación. Mientras usted hable, fíjese en su lenguaje no verbal. Lo que decimos con nuestras palabras es sólo el 7 por ciento de lo comunicado. Nuestro tono y lenguaje corporal es el resto. La gente le pone mucha más atención a su aspecto y a la forma de expresarse cuando usted habla, que a lo que en realidad dice. Cuando confronte a alguien, asegúrese de que su voz, su cuerpo, y sus palabras comuniquen el mismo sentimiento, que debería ser: "Te amo, me preocupo por la ruptura de nuestra relación, y deseo restaurarla".

Pida una respuesta y escuche cuidadosamente lo que la otra persona tenga que decir. Considere su punto de vista cuidadosamente.

La gran misión de Jesús en la tierra fue la reconciliación: reconciliar a los pecadores consigo mismo. Pero la reconciliación requiere una respuesta. Podemos tratar de establecer la paz pero fallar en obtener la respuesta deseada. En Romanos 12, el apóstol Pablo nos dice que hagamos todo lo que nos sea posible para traer paz. Pero esta carga no descansa sobre nuestros hombros únicamente. Aunque nuestro trabajo es buscar la paz, hablar la verdad en amor, y orar por nuestros amigos y enemigos, nosotras debemos, en última instancia, confiar en Cristo para el resultado. Si recordamos hacer esto, entonces seremos verdaderas pacificadoras que glorifican a Dios.

ꙮ

ACERCA DE LA AUTORA

Con más de veinte años de experiencia, Leslie Vernick es una respetada trabajadora social clínica, que tiene su propia consulta privada de consejería. Es conferencista invitada en el Seminario de Westminster, autora y conferencista popular a quien le encanta enseñar a otros cómo hacer que su fe pase de ser un conocimiento intelectual a ser una confianza de corazón.

VERSÍCULOS QUE INSPIRAN

"Sed de un mismo sentir, y vivid en paz; y el Dios de paz y de amor estará con vosotros". (2 Corintios 13:11)

"Finalmente, sed todos de un mismo sentir, compasivos, amándoos fraternalmente, misericordiosos, amigables". (1 Pedro 3:8)

"Pero evita las cuestiones necias, y genealogías, y contenciones, y discusiones acerca de la ley; porque son vanas y sin provecho". (Tito 3:9)

"No paguéis a nadie mal por mal; procurad lo bueno delante de todos los hombres. Si es posible, en cuanto dependa de vosotros, estad en paz con todos los hombres". (Romanos 12:17-18)

"Por esto, mis amados hermanos, todo hombre sea pronto para oír, tardo para hablar, tardo para airarse". (Santiago 1:19)

Cómo vencer la
depresión

✤

CATHERINE HART WEBER

¿Por qué te abates, oh alma mía, mi ser interior, y te turbas y te inquietas dentro de mí? Yo elijo esperar en ti, Dios, esperar en ti con expectación; porque aún he de alabarle, Salvación mía y Dios mío. Dios mío, mi vida está abatida en mí, y es más de lo que puedo soportar; Me acordaré, por tanto, de ti.
—ORACIÓN INSPIRADA EN EL SALMO 42:5–6

Una de cada cinco mujeres que leen este libro corre el riesgo de experimentar un período de depresión en su vida. Si usted no está deprimida en este momento, puede que conozca a alguien que lo esté y que necesite ayuda y sanidad de la depresión. La verdad es que usted o sus personas amadas no tienen que vivir con el dolor de la depresión y sufrir a solas. Simplemente aguantar sin cuidar de usted misma no le ayudará a vencer la situación. Hay esperanza, sanidad y ayuda práctica

para vencer la depresión. Si usted siente que no tiene esperanza o que es incurable, eso en sí mismo es un síntoma de
depresión. Permítame animarla diciéndole que Dios está con
usted durante este tiempo sombrío, aunque usted puede que
no lo sienta. Él le ama mucho y entiende su dolor.

Dios nos ha diseñado con la capacidad de experimentar la
depresión. Aunque la depresión severa puede ser causada por un
desequilibrio biológico, las depresiones menos severas causadas
por circunstancias pueden tener un propósito, o pueden ser una
respuesta natural ante una pérdida. Así como el dolor es importante para la supervivencia del cuerpo porque nos alerta al peligro y la
enfermedad, la depresión nos dice que algo no está funcionando
en nuestra vida: cuerpo, mente, emociones, espíritu o relaciones.

Sin importar la causa de la depresión, Dios nos provee
una variedad de recursos para la sanidad. Mediante la esperanza en Cristo, el poder de su Palabra y el Espíritu Santo, y
los beneficios actuales de la investigación y los avances médicos, la depresión casi siempre puede ser tratada con éxito con
psicoterapia, medicamentos o una combinación de ambos, así
como mediante otras alternativas de intervenciones integrales.

CÓMO ENTENDER LA DEPRESIÓN

Desgraciadamente, muchas mujeres sufren sin necesidad, porque no reconocen los síntomas de la depresión o éstos no son
diagnosticados correctamente y tratados apropiadamente.
Como no hay ninguna prueba biológica para la depresión,

el diagnóstico es generalmente asunto de reconocer un grupo de síntomas. El síntoma más reconocible de la depresión clínica es un cambio de humor anormal, el cual explica la frase "desorden afectivo". La depresión no siempre está limitada a los cambios de humor y es, por tanto, considerada un desorden de la persona total, porque el cuerpo, la mente, las emociones, las relaciones y la espiritualidad son afectadas.

Luego de muchos años de investigaciones científicas, ahora sabemos que las causas subyacentes de la depresión —sea que se clasifique la depresión como una enfermedad, un desorden o síndrome— están relacionadas de forma compleja, y los síntomas incluyen una amplia variedad de turbaciones en cada área de la vida. Los orígenes son el resultado de su cuerpo, genes, temperamento, patrón de pensamiento, forma de manejar las emociones, historial familiar, relaciones y experiencias pasadas y presentes. La depresión es verdaderamente un desorden del cuerpo total, de la persona total, y para que un tratamiento sea efectivo debe también ser amplio, involucrando un plan de tratamiento integral, el cual puede incluir medicamentos contra la depresión, consejería, atención a su cuidado propio y el desarrollo de un estilo de vida saludable.

HECHOS SOBRE LA DEPRESIÓN

Para participar activamente en su recuperación, es importante saber sobre la depresión. Mediante un mayor aprendizaje sobre el tema y sobre cómo funciona el proceso de sanidad, usted obtendrá un sentido de control y capacidad mayor para vencer la depresión. Así que, para proporcionarle una perspectiva sobre este tema, comencemos cubriendo algunos de los hechos básicos actuales sobre la depresión.

- Según el Instituto Nacional para la Salud Mental, los cálculos actuales dicen que la epidemia de depresión profunda afecta aproximadamente al 10% de la población de los Estados Unidos, o más de 20 millones de personas anualmente.

- Los estudios muestran un aumento en la depresión con cada nueva generación. Las personas nacidas después de 1940 —la generación de los *baby boomer*— tienen diez veces mayor probabilidad de sufrir de depresión.

- Para el año 2020 se predice que la depresión será la mayor discapacidad en todo el mundo.

- Las mujeres tienen más del doble de posibilidades que los hombres de experimentar una depresión profunda, y la depresión es una amenaza mayor para el funcionamiento social y físico de una mujer que las enfermedades médicas serias como la hipertensión, diabetes o artritis.

- La depresión en las mujeres cruza todas las líneas raciales y étnicas, y todas las barreras educacionales y económicas para ser una causa importante de discapacidad y pérdida de ingresos para las mujeres de todas las edades.

ᴥ Las consecuencias de la depresión son el dolor y el sufrimiento, la discapacidad, la pérdida significativa de ingresos, un mayor riesgo de suicidio, desórdenes por enfermedad médica, riesgo de un mal cuidado propio y reducción de la adherencia a regímenes médicos.

ᴥ Las mujeres que sufren de depresión con frecuencia luchan también con el estrés y la ansiedad crónicos.

ᴥ Aunque la depresión tiende a ser recurrente para muchas mujeres, la mayoría de las depresiones son tratables. Cuanto antes comience el tratamiento, menos severa será la depresión y será menos probable que sea recurrente.

ᴥ La depresión de leve a moderada es, sin lugar a dudas, la forma de enfermedad mental más común, la cual con frecuencia se diagnostica erróneamente y es tratada por doctores en medicina. Sin embargo, solo cerca del 30% de las personas que sufren de depresión buscan ayuda. De las personas que buscan tratamiento, solo la mitad es diagnosticada con exactitud; y solo cerca del 20% de esas personas son tratadas apropiadamente. Además, hay otras barreras que también pueden impedir que las mujeres reciban el tratamiento adecuado, ¡de manera que un número significativamente pequeño de mujeres está recibiendo la ayuda que necesita!

Cuando una mujer esta deprimida, la familia —y especialmente los hijos— también resulta afectada. Si ella es la principal persona que cuida de la familia, la enfermedad toca las vidas de las personas que están alrededor de ella, afectando adversamente la estructura familiar de manera profunda. Por cada mujer deprimida, hay por lo menos otras tres personas que son afectadas significativamente. Los hijos de padres deprimidos tienen un mayor riesgo de desórdenes de depresión profunda y desórdenes de ansiedad. Ellos muestran un funcionamiento general más pobre, así como un mayor riesgo de problemas médicos generales y hospitalizaciones psiquiátricas. Estos datos resaltan la importancia de recibir ayuda para la depresión lo más pronto posible, así como recibir apoyo de la familia durante el proceso de sanidad.

CÓMO RECONOCER LA DEPRESIÓN

La depresión data de tiempos antiguos, con varios ejemplos aun en las Escrituras. En el Salmo 51, el rey David escribe de su desesperación causada por un pecado no confesado y circunstancias difíciles, lo cual condujo al gemido de su alma y a la pérdida de fuerzas. Dios usó la depresión para llamar la atención de Nehemías para que él hiciera su obra de reconstruir Jerusalén (Nehemías 1:3-4). Job experimentó tanto dolor y pérdida que maldijo el día en que nació (Job 3). Elías estaba tan deprimido después de una gran victoria que quería morirse (1 Reyes 19:1-18).

A lo largo de los años, con los avances de la ciencia y la medicina, hemos llegado a una comprensión mucho mayor de los orígenes y tratamientos de la depresión, y continuamos aprendiendo más cada día.

TIPOS DE DEPRESIONES

Unipolar—síntomas que duran por más de dos semanas.

Bipolar—depresión que incluye ciclos de manías.

Distimia—depresión crónica, de largo plazo. Los síntomas son, por lo general, moderados y duran por lo menos dos años sin una pausa por más de dos meses.

Depresión atípica—depresión crónica con otros síntomas tales como fatiga excesiva, sueño excesivo y comer en exceso.

Depresión estacional—desorden afectivo estacional (DAE). Su inicio está asociado a cierta época del año o a insuficiente luz solar.

Depresión psicótica—depresión aguda acompañada por delirios o alucinaciones, requiriendo cuidado psiquiátrico inmediato.

Depresión hormonal—desorden disfórico premenstrual (DDP), síndrome premenstrual (SP), depresión posparto y depresión premenopausia. Estas depresiones se correlacionan con una baja en los niveles de estrógenos y con frecuencia requieren terapia médica u hormonal además de antidepresivos.

Desorden de estrés postraumático (DEP)—la depresión que puede ocurrir después de haber estado expuesta a una experiencia traumática que ponga la vida en peligro.

Depresión oculta—este tipo de depresión no es reconocido formalmente en los manuales de diagnóstico; sin embargo, este término reconoce lo que ocurre con frecuencia cuando alguien sufre de depresión y no es consciente de ello, "ocultándola" detrás de otro problema o actividad, como problemas físicos, trabajo excesivo o ira.

SÍNTOMAS DE DEPRESIÓN

- Se le olvidan las cosas, le es muy difícil concentrarse.
- Siente como si se estuviera ahogando o sofocando.
- Se siente agitada, nerviosa, ansiosa y preocupada la mayor parte del tiempo.
- Su hogar está desorganizado: la ropa y la loza no son lavadas, el correo no es abierto, etc.
- Al salir de casa usted espera no encontrarse con nadie conocido.
- Descuido personal. Usted no cuida de sí misma, y no se preocupa por ello.
- Usted pierde interés en las cosas que le solían gustar, incluyendo el sexo.
- Todo parece estar "mal" en su vida.
- Siente mucho malestar, incluyendo dolores corporales.

¿Qué está mal? Todos estos son síntomas típicos y atípicos de la depresión. De entre todo este dolor causado por la depresión debe salir un mensaje. El mensaje puede venir de cualquier dirección, señalándole que algo no anda bien. O puede ser continuo, alertándole a detenerse y pensar sobre su vida y hacer algunos cambios. Es beneficioso, por tanto, el detenerse y preguntarse a usted misma: "¿Qué me está diciendo esta depresión? ¿Cuáles son las mejores opciones de tratamiento?".

Parte de la razón de que la depresión clínica afecte más a las mujeres que a los hombres se debe a que, con frecuencia, ellas no reconocen temprano las señales, o piensan que deben hacerse sentir mejor a sí mismas o "romper con eso". Esto evita que muchas mujeres identifiquen la depresión, escuchen las advertencias y obtengan el tratamiento necesario antes de que la depresión eche raíces dramáticas en su vida.

Cuanto antes reciba tratamiento, menos severos serán sus síntomas, antes se recuperará y hay menor posibilidad de que recurran. No dependa solo de su médico de cabecera para identificar sus síntomas como depresión, sino busque una segunda opinión si puede, y pida que le hagan una evaluación completa por parte de un psicólogo o psiquiatra. La clave para obtener diagnósticos correctos para la depresión es reconocer que la enfermedad afecta todas las áreas de la vida, y los síntomas pueden no parecer como depresión "típica". La siguiente es una lista de posibles síntomas asociados con la depresión:

SÍNTOMAS FÍSICOS

- Dolores crónicos que no responden a tratamiento, como dolores de cabeza, estreñimiento, dolor de espalda, de estómago, e las articulaciones, de músculos o del pecho
- Cambios de apetito y peso

- Trastornos del sueño: incapacidad de dormir, dar vueltas en la cama, no volver a quedarse dormida de nuevo, patrones de sueño irregulares, dormir demasiado
- Fatiga constante o pérdida de energía
- Hablar de forma lenta y en voz baja
- Ataques de ansiedad o pánico

Síntomas mentales

- Dificultad para concentrarse, recordar cosas, tomar decisiones y pensar con claridad
- Obsesión por experiencias o pensamientos negativos
- Baja autoestima
- Pensamientos recurrentes de suicidio o muerte
- Actitud de: "¿Qué diferencia hay?"

Síntomas emocionales

- Emocionalmente deprimida: sentimientos de impotencia, de indignidad, tristeza, irritabilidad y pesimismo durante la mayor parte del día
- Llanto excesivo o una incapacidad para llorar o expresar emociones
- Sentimientos de no tener valía, desesperanza, culpabilidad no apropiada o culparse a sí misma por sus problemas
- Pérdida del interés en actividades que le daban placer previamente; incapacidad de disfrutar actividades o hobbies usuales, incluyendo el sexo
- Problemas de dolor o pérdida no resueltos

SÍNTOMAS DEL COMPORTAMIENTO

- Inquietud observable, irritabilidad o disminución de la actividad
- Abuso de sustancias como alcohol o drogas
- Intentos de suicidio
- Deterioro del desempeño en el trabajo o los estudios
- Retraimiento social: negarse a salir o ver a sus amigos; evitar a los amigos
- Evitar las situaciones que podrían causar responsabilidad o fracaso
- Aversión a las multitudes
- Dificultad para llevarse bien con otras personas

FACTORES DE RIESGO Y CAUSAS DE LA DEPRESIÓN

Dados todos los posible síntomas de alerta sobre la depresión, ¿qué le dice este síndrome acerca de usted misma? Las causas de la depresión pueden ser complejas y multifacéticas. El tratar de entender los orígenes de la depresión puede ser similar en muchas formas a tratar de entender la complejidad de una enfermedad, como una enfermedad de corazón, la diabetes o el cáncer. La depresión no es algo que esté únicamente en su cabeza o únicamente en su cuerpo. No es una señal de debilidad personal, ni tampoco es una condición que usted puede vencer haciendo un mayor esfuerzo. La depresión es la consecuencia natural de causas físicas y situacionales.

Hay muchos factores que pueden predisponer a una mujer a la depresión, y el conocer estos factores es el primer paso en la prevención y el tratamiento. Puede que sea solo una causa, o pueden ser varias, interrelacionadas y similares. Repase la siguiente lista y compruebe si hay algunos temas con los cuales usted se identifique o eventos actuales que podrían llegar a ser causas de la depresión.

FACTORES DE RIESGO PSICOLÓGICO

- Problemas tempranos del desarrollo
- Madres de niños pequeños
- Niñas adolescentes
- Deseos de adelgazar
- Tensión y estrés crónicos
- *Baby Boomers (personas nacidas después de 1940)* y otros cambios generacionales
- Residentes en zonas urbanas
- Inmigrantes
- Pobreza y minoría étnica
- Vejez
- Adicciones al alcohol, sustancias químicas y sexo

FACTORES DE RIESGO BIOLÓGICOS

- Desequilibrio de los mensajeros químicos del cerebro
- Historial familiar de depresión

❧ Hormonas reproductivas

❧ Medicinas y medicamentos hormonales

❧ Enfermedades médicas

❧ Enfermedad crónica, discapacidad y enfermedades coexistentes

Factores de riesgo en las relaciones

❧ Abuso sexual y físico

❧ Matrimonio e hijos

❧ Presión social y para cumplir su papel en la vida

❧ Baja autoestima

❧ Soltería y madre soltera

❧ Pérdidas de personas o cosas a las cuales estaba apegada

Factores de riesgo mentales y del conocimiento

❧ Estilos de personalidades y composición psicológica (pesimista, melancólico)

❧ Sentimientos de impotencia aprendidos o falta de sentido de control

❧ Reflexión excesiva

Otros factores de riesgo de la depresión

❧ Dolor y desafíos de la vida

❧ Reacciones a circunstancias de la vida

❧ Luchas continuas

❧ Traumas y pérdidas pasados

¿POR QUÉ LAS MUJERES SUFREN DE DEPRESIÓN MÁS QUE LOS HOMBRES?

Además de la lista de causas indicada anteriormente, estudios recientes confirman que las causas más prominentes de depresión entre las mujeres en todo mundo pueden ser agrupadas en las siguientes categorías:

1. Hormonas. Las hormonas juegan un enorme papel en la vida de una mujer, comenzando desde la pubertad, el alumbramiento, el síndrome premenstrual, el desorden disfórico premenstrual, la depresión posparto, la psicosis posparto, la premenopausia, la menopausia y continuando después. Al parecer, en muchas formas la química del cerebro de una mujer interactúa con las hormonas reproductivas. Cuando ocurre un cambio en alguna de estas, puede impactar a sus otros sistemas. Por ejemplo, el embarazo y el parto producen cambios dramáticos en los niveles de estrógenos y progesterona, así como cambios en el eje HPG (Hipotalámico-Pituitario-Gonadal), y estos cambios pueden ser la causa subyacente de la depresión posparto. Las futuras madres deben estar conscientes de los riesgos de depresión en esta etapa y reconocer los síntomas temprano en su embarazo, para prevenir y tratar la depresión.

2. La conexión genética. Datos recientes confirman que las depresiones profundas pueden agruparse en familias con un padre, hermano o hermana con este desorden. Las mujeres poseen una interacción de factores genéticos, hormonales y de experiencia que aumentan su riesgo para la depresión.

3. El estrés de la vida. Los estudios muestran que más del 80% de las mujeres que experimentan una depresión profunda han sufrido un evento adverso en su vida. Las mujeres tienen mayor posibilidad de experimentar la depresión en respuesta a una situación estresante de la vida o al estrés continuo, como una sobrecarga de trabajo. El estrés y la ansiedad con frecuencia van mano a mano con la depresión en las mujeres.

4. Factores psicológicos y del conocimiento. Debido a factores sociales y culturales, las mujeres tienen una menor inclinación que los hombres a actuar en relación a sus problemas, y a la vez son más inclinadas a enfocarse en ellos. Las mujeres tienden a actuar internamente, enfocándose de forma repetida y pasiva en los síntomas de la aflicción y sus posibles causas y consecuencias. Esto se conoce como la reflexión negativa. El ciclo de estrés, pensamiento negativo y emociones a su vez crea más estrés, y está también asociado a episodios más largos y más severos de depresión.

5. Calidad de las relaciones. Investigaciones recientes demuestran que las relaciones de una mujer tienen mucha mayor importancia para su concepto de sí misma de lo que la tienen para los hombres. Las mujeres también son más propensas a experimentar estrés como respuesta a eventos adversos que afectan las vidas de otros y a colocar sus necesidades como secundarias ante las de las personas afligidas. En los matrimonios infelices, las mujeres son tres veces más propensas que los hombres a estar deprimidas. El riesgo de las mujeres de tener síntomas depresivos y de desmoralización es mayor entre madres de niños pequeños y aumenta con el número de hijos en el hogar.

6. *Trauma.* Los eventos traumáticos, como el abuso sexual durante la niñez, el abuso físico y mental, el asalto sexual como adultas, el terrorismo, la violencia del esposo y la enfermedad física, también pueden conducir a la depresión. El abuso sexual y físico puede resultar en una pérdida de autoestima y valor propio, poniendo a las mujeres en riesgo de depresión. En situaciones donde corre peligro la vida, las mujeres corren el riesgo del desorden de estrés postraumático.

Mi propósito al compartir esta información es darle a usted una idea de las posibles causas de la depresión. Ninguno de los factores de riesgo que he descrito es insuperable. Puede que usted no tenga mucha esperanza en este momento, pero anímese. Comience con lo que aprenda en este capítulo, y luego busque ayuda de una amiga, pastor o consejero profesional. Sobre todo, *continúe en un espíritu de adoración.* Apóyese lo más que pueda en Dios para fortalecerla en su vida. Él ha prometido caminar con usted a través de los momentos más oscuros de su vida: "No te dejaré, ni te desampararé" (Josué 1:5). Él estará con usted al pasar por el valle, proveyéndole recursos útiles y cuidando de usted para lograr su sanidad (Salmo 23).

CÓMO OBTENER AYUDA PARA SANAR LA DEPRESIÓN

Si usted o alguien conocido están experimentando depresión, no permita que el descuido o los impedimentos le impidan obtener el tratamiento necesario para vencer la depresión. Es muy importante no dejar que la depresión continúe por mucho tiempo, ni pasar por ella sola. La depresión puede tratarse, pero usted necesitará el apoyo de otros, así como los recursos disponibles para la recuperación. No hay necesidad de continuar sufriendo sola. Las siguientes son algunas pautas para ayudarle a comenzar.

RECOMENDACIONES DE TRATAMIENTO

Si usted ha notado señales de depresión en usted misma o en alguien conocido, la primera prioridad es un examen físico completo para descartar cualquier posible causa médica o enfermedad subyacente. Hágale saber a su médico si está tomando medicinas recetadas o sustancias no recetadas, porque éstas pueden contribuir a su depresión.

Una vez que los desórdenes y enfermedades físicas hayan sido descartados, el próximo paso es una evaluación psicológica completa por un consejero o psiquiatra. Un entendimiento claro de todas las causas posibles subyacentes de la depresión es imperativo para ayudar a guiar a su médico, consejero o psiquiatra hacia el tratamiento más efectivo a corto y largo plazo.

Yo entiendo que esto puede ser difícil para algunas mujeres. Hay un estigma asociado a la depresión, la consejería y los medicamentos antidepresivos, el cual, desafortunadamente, ha tenido graves efectos en las mujeres. Esto puede estar contribuyendo a un dolor prolongado e innecesario, impidiéndole a usted obtener la ayuda práctica que necesita. Recuerde: Dios la ha creado con la capacidad de estar deprimida, y usted no es un fracaso espiritual o mentalmente hablando si no puede vencerla por usted misma. Para una recuperación completa, necesitará apoyo de las personas que están a su alrededor y recursos prácticos que Dios ha provisto mediante los avances en la consejería y la medicina.

Tenga en mente que la depresión tiene un propósito: puede ser una oportunidad para ser sanada o puede ser un indicador de que algo no está funcionando en su vida. Usted sí se ocuparía de recibir tratamiento si tuviera otra preocupación como la diabetes o una enfermedad de corazón. La depresión no es diferente. Pídale a Dios que calme sus temores y sus conceptos falsos, y que le ayude a estar abierta a los recursos de sanidad que Él desea poner a su disposición. Dios le ha prometido: "No temas, porque yo estoy contigo; no desmayes, porque yo soy tu Dios que te esfuerzo; siempre te ayudaré, siempre te sustentaré con la diestra de mi justicia" (Isaías 41:10).

PSICOTERAPIA

La intención de Dios es que tuviéramos conexiones significativas con otras personas, y Él nos dio sus dones para ayudarnos a ayudar a otros. "Acerquémonos, pues, confiadamente al trono de la gracia, para alcanzar misericordia y hallar gracia para el oportuno socorro" (Hebreos 4:16). Por esta razón, la consejería muy bien podría ser parte de la provisión de Él para traer sanidad y recuperación a su vida. Un consejero es alguien entrenado para crear un lugar seguro para usted, para así poder explorar las complejidades de su vida, las causas subyacentes de su depresión y cómo esa depresión se relaciona e impacta su vida y sus relaciones. Los consejeros profesionales le dan tiempo de confianza, consistente y sin interrupciones para que usted sea escuchada y valorada. Este puede también ser un lugar de crecimiento para ayudarle a lograr claridad mental. La consejería es cooperación, primero con Dios, y luego con su consejero.

Los estudios muestran que la psicoterapia es muy útil en la prevención de recaídas o recurrencias de depresiones profundas en las mujeres que han sido exitosamente tratadas con antidepresivos. La consejería por sí sola puede ser de mucha ayuda para resolver las causas subyacentes de la depresión en caso de no ser necesarios los antidepresivos. Se ha demostrado que la terapia interpersonal y del conocimiento del comportamiento tiene un efecto duradero, al igual que otros estilos de consejería como las terapias estructuradas del comportamiento marital y familiar, las cuales también son muy útiles para el tratamiento de familias.

MEDICAMENTOS ANTIDEPRESIVOS

Hay muchos malentendidos —y aún temor— en torno al uso de los medicamentos antidepresivos. La resistencia al uso apropiado de antidepresivos está injustificada una vez que usted entiende el cerebro y cómo puede funcionar más apropiadamente con los medicamentos específicos. Los antidepresivos no son medicinas adictivas o que alteran la mente; funcionan ayudando al cerebro a hacer aquello para lo cual fue diseñado, solo que de forma más eficiente. Ayudan aumentando por lo menos dos mensajeros químicos importantes en el cerebro, neurotransmisores, los cuales se agotan cuando usted está reprimida. Los mensajeros son: norepiferina (NE) y serotinina (5HT). Estas y otras reacciones bioquímicas afectan el centro de mando del cerebro, de manera que el cerebro y el cuerpo puedan funcionar normalmente. Esto, a su vez, alivia los síntomas de la depresión mejorando la condición emocional y disminuyendo el pensamiento negativo.

Hay varios antidepresivos altamente avanzados y disponibles actualmente, con cada vez menos efectos secundarios. No hay ninguna medicina perfecta para todas las personas, y puede necesitarse un proceso de experimentación para hallar la medicina más efectiva para usted, con el menor número de efectos secundarios. Así que si su consejero o médico recomienda un antidepresivo, yo le animo a estar abierta y a ser paciente. Pida a Dios que le dé paz para recibir su provisión para sanidad. El Salmo 30:1-2 dice: "Te glorificaré, oh Jehová, porque me has exaltado, y no permitiste que mis enemigos se alegraran de mí. Jehová Dios mío, a ti clamé, y me sanaste." Muchas mujeres han descubierto la recuperación por la cual oraban mediante este tipo de tratamiento antidepresivo. No existe ninguna "píldora mágica" para resolver todas las depresiones. A menos que el origen tenga una base biológica, es realmente importante estar en consejería para resolver la causa subyacente de la depresión.

De hecho, las investigaciones demuestran que las medicinas antidepresivas, junto con la consejería, ofrecen los resultados más efectivos a largo plazo.

USE LAS TERAPIAS COMPLEMENTARIAS SABIAMENTE

Aproximadamente un 30% de las personas que toman antidepresivos no responden a este tipo de tratamiento o tienen reacciones adversas. Para estas mujeres, las medicinas herbáceas, las sustancias naturales y otras formas de tratamiento son atractivas y con frecuencia necesarias. Ya que las mujeres constituyen más del 65% de la población que compra productos naturales, usted puede haber probado alguna de ellas ya.

Las medicinas complementarias y las terapias de estilo de vida, tales como los métodos del espíritu/mente/cuerpo, pueden permitirle adoptar un papel activo en su propia vida y salud y minimizar efectos secundarios difíciles causados por los regímenes de medicinas convencionales. La oración, la meditación, el apoyo relacional, el bienestar nutricional, los ejercicios y masajes, todos promueven la salud en general y también fortalecen la resistencia a la depresión y muchas enfermedades.

Por otro lado, algunos suplementos farmacológicos, herbáceos y de vitaminas pueden ser dañinos si se toman en exceso o mezclados con otros medicamentos. Los complementos herbáceos como *St. John's wort, kava, ginkgo biloba*, y valeriana son los farmacéuticos naturales de Dios, y deben ser usados sabiamente. Tan solo por el hecho de que una sustancia o régimen sea "natural", no significa que usted no deba tomar las precauciones necesarias. Haga su investigación. Pídale a su médico u otro profesional de la salud que tenga conocimiento sobre medicina complementaria que le señale áreas de precaución. Asegúrese de evitar usar cualquier otra sustancia cuando tome medicinas a menos que consulte primero con su médico o farmacéutico.

ESTRATEGIAS PARA VENCER LA DEPRESIÓN

Permítame animarla diciéndole que muchas otras mujeres se han lanzado a esta aventura y se han recuperado con éxito, y usted también puede hacerlo. Los siguientes son métodos a considerar al colocar el fundamento para estrategias prácticas de estilos de vida.

1. Reconozca su lucha con la depresión. Es difícil saber cuándo prestar atención a las señales de advertencia de la depresión, especialmente en las etapas iniciales. La tendencia, en especial si es usted una persona ocupada, es ignorar estas señales con la esperanza de que pasen. A medida que pasa el tiempo, sin embargo, las señales de depresión pueden llegar a ser más debilitadoras, y llega a ser más difícil el diferenciar entre "usted", y su "falta" o "debilidad", y qué plan de acción tomar para mejorarse. Si usted reconoce los síntomas de la depresión temprano, es importante admitir ante sí misma que usted está deprimida y hacer algo al respecto.

2. Sea honesta y abierta con Dios en oración. Cuéntele a Dios sobre su confusión espiritual, desilusiones y aun su enojo con Él, si eso es lo que siente. El deseo de Dios, y nuestra necesidad, es una relación poderosa con Él. Pídale que le revele las causas subyacentes de su depresión y que le dirija a las personas correctas para darle apoyo, tanto profesional como personalmente.

3. Comparta sus luchas con alguien que le dé apoyo y se identifique con usted. No pase por su depresión sola. Una vez que haya reconocido su depresión ante usted misma y ante Dios, háblele a una o dos personas en quienes confíe en su vida sobre esto también. Las mujeres que han pasado por tiempos difíciles dicen que la conexión que tienen con otras mujeres fue crucial para ayudarles a vencer la depresión, así como otras luchas en la vida.

4. Establezca metas pequeñas y dé pasos pequeños. No trate de hacerlo todo. Haga lo que pueda cada día. Divida las tareas en partes pequeñas y manejables. Usted tiene control sobre el presente. No espere mucho de sí misma demasiado pronto, o esto le preparará para la derrota. Finalmente, el proceso de sanidad traerá cambios en cómo se siente usted. Pero inicialmente, vaya despacio y enfóquese en el comportamiento práctico de vivir el día a día.

5. Recuerde: el crecer y el cambiar ocurre día a día. El recuperarse de la depresión toma tiempo. Pueden pasar semanas antes de que vea alguna mejora, así que no se desanime. Comience con un área de su vida hoy y vaya paso a paso.

Desafíe cualquier "pensamiento negativo" con la verdad de la Palabra de Dios; ésta será su mayor fuente de fortaleza. Medite a diario en la verdad de Dios para confrontar las mentiras de esta vida. Su Dios está allí con usted (Salmo 42: 5).

ESTRATEGIAS PARA EL BIENESTAR

Una de las cosas más difíciles de hacer cuando se está deprimida es cuidar bien de una misma. Usted ya no se siente como una participante en todas esas actividades que disfrutaba antes, y en realidad no se siente participante en nada. Si no tiene cuidado, puede terminar aislándose, sucumbiendo a comer en exceso, no dormir bien, no hacer ejercicio, y caer en el círculo vicioso del pensamiento negativo, sintiéndose espiritualmente seca y desanimada en el Señor. El invertir en su propia salud y sanidad es clave para su recuperación, lo cual es crítico para la salud general de su familia. Así que no se sienta culpable por tomarse tiempo para usted misma.

Además de buscar el apoyo y la ayuda profesional que necesite, las siguientes son sugerencias prácticas básicas para un estilo de vida saludable, que son esenciales para su sanidad como persona. Aunque estas sugerencias pueden sonar algo simples, no desestime lo cruciales que son sus decisiones y hábitos diarios para una recuperación más efectiva y duradera.

1. Coma comidas pequeñas equilibradas y nutritivas, esparcidas proporcionalmente a lo largo del día. Hay una conexión entre la depresión, su cerebro, y la comida que pone su boca.

2. Duerma lo suficiente—por lo menos ocho horas al día. Un síntoma asociado con frecuencia a la depresión, la ansiedad y el estrés es el trastorno del sueño. El estar agotada también puede conducir a la depresión.

3. Comience a hacer ejercicio. La actividad física promueve la buena disposición. Un creciente número de estudios muestran que el ejercicio promueve efectivamente la buena disposición, y es un tratamiento antidepresivo natural para la depresión. El caminar a paso rápido o trotar por 30 minutos al día, por lo menos tres o cuatro veces a la semana, pueden ser tan efectivos como los medicamentos para tratar algunos tipos de depresión.

4. Reduzca el estrés en su vida. El estrés, la ansiedad y la depresión con frecuencia van mano a mano, así que esté atenta a la tensión crónica de su vida, y explore las técnicas más efectivas para ayudarle a reducir el estrés y recuperarse de él en su vida.

5. Rodéese de cosas positivas. Aprenda a disputar cualquier creencia distorsionada y pesimista que pueda haber desarrollado y reemplácela con alternativas bíblicas, basadas en la realidad y optimistas. Escoja a diario relacionarse con gente, eventos, medios de comunicación, música y literatura positivos.

6. Invierta en usted misma. Usted tendrá que hacer las cosas intencionalmente para mantener actividades significativas en su vida, como reunirse con amigas, disfrutar hobbies, salir a lugares y divertirse.

7. Invierta en otros. Haga actos bondadosos para otras personas. Esté disponible para escuchar o ayudar. Cuando usted se preocupa por usted misma y por otras personas que pueden necesitar su apoyo, eso le ayuda a mantener la perspectiva. Además, usted recibirá una bendición por ayudar a alguien en necesidad.

A pesar de lo que puedan parecer como grandes desafíos y obstáculos, es posible lograr una recuperación total y crear resistencia para una depresión futura. Recuerde que la estrategia más efectiva para la sanidad es un método integral: el tratarse a usted misma como una persona total. Use todos los recursos que Dios le provea para su recuperación: tratamiento médico, consejería, apoyo social, terapias naturales, la adoración y las Escrituras, y un estilo de vida saludable. Cuide de usted misma, y que Dios le bendiga.

EQUIPO PARA SOBREVIVIR A LA DEPRESIÓN

Reúna el siguiente "equipo de supervivencia" para la depresión:

Una *vela* para recordarse a usted misma que aún cuando esté rodeada de oscuridad, ¡el amor de Cristo es un fuego que nunca se apaga!

Un *fósforo* para recordar que el sueño, el relajarse y el ejercicio "encienden de nuevo su llama" cuando usted se siente agotada.

Una *curita* para recordar que Dios le consuela y le sana, ¡y que la recuperación toma tiempo!

Dos sujetapapeles juntos para recordarle que el estar conectada a Dios, a usted misma, a su familia, a sus amigos, a su comunidad y a su fe cristiana significa más que nada en el mundo.

Un *lápiz* para recordarle contar sus bendiciones, usar un diario de oración y "apartar" tiempo para lo que realmente importa.

Un *borrador* para recordarle mantener su vida limpia siendo honesta consigo misma y con otros, pidiendo perdón y perdonado a otros.

Un *pedazo de cobija de lana* para recordarle que debe cultivarse y cuidar de usted misma.

Un chocolate *Hershey's* ¡para recordarle que usted es amada! (¡pero no se consuele comiendo demasiado chocolate!).

Goma de mascar ¡para recordarle que debe perseverar en medio de sus luchas!

Una barra de chocolate *Snickers* ¡para recordarle que la risa es una buena medicina! (está bien, una sola barra de chocolate).

Ponga todas estas cosas en una *bolsa transparente* ¡como un recuerdo constante de que Dios puede preservarle!

ACERCA DE LA AUTORA

Catherine Hart Weber es consejera cristiana integral y tiene una consulta privada, especializada en el enriquecimiento de las relaciones y la salud y el crecimiento personal. Es conferencista y autora de varios libros.

VERSÍCULOS QUE INSPIRAN

"Y me ha dicho: Bástate mi gracia; porque mi poder se perfecciona en la debilidad". (2 Corintios 12:9)

"No temas, porque yo estoy contigo; no desmayes, porque yo soy tu Dios que te esfuerzo; siempre te ayudaré, siempre te sustentaré con la diestra de mi justicia". (Isaías 41:10)

"Dios es nuestro amparo y fortaleza, nuestro pronto auxilio en las tribulaciones". (Salmo 46:1)

"Jehová oirá cuando yo a él clamare". (Salmo 4:3)

"No se turbe vuestro corazón; creéis en Dios, creed también en mí". (Juan 14:1)

Cómo enfrentarse a los cambios de la vida

❧

DR. JOSEPH Y MARY ANN MAYO

De mañana sácianos de tu misericordia,
y cantaremos y nos alegraremos todos nuestros días.
—SALMO 90:14

Envejecer es una bendición de Dios, aunque muchas de nosotras no pensemos así al ver nuestro próximo cumpleaños acercarse. Quedamos sorprendidas ante la muerte repentina de una persona joven que ha muerto trágicamente en un accidente automovilístico o cuya vida es truncada por la leucemia, porque la mayoría de nosotros tiene el concepto de que las personas viejas son las que se supone que mueran, no las jóvenes. Pero la ecuación "viejo = muerte" deja fuera muchas vidas. No es de sorprender que nos sintamos incómodas con la vejez si la muerte es todo lo que asociamos con ella. Yo (Mary Ann) nunca he mentido sobre mi edad pero —lo confieso—, nunca pensé en mí misma como vieja hasta que cumplí los 60 años. Negar que una esté envejeciendo sugiere que hay algo malo con ser más experimentada, más conocedora y ojalá más espiritual. La vejez debe traducirse en sabiduría, simplicidad y menos de lo mundano, todo a la vez.

Negar la edad no es la solución al enfrentar la vejez. La Biblia nos llama a pensar de nosotras mismas de forma realista (Romanos 12:4). Cuando se trata de la vejez, este es un concepto no aceptado por muchos. Pero el mirar sólo el lado oscuro — "el envejecer es ser débil o es ir cuesta abajo", o "no tengo tiempo de sobra para las expresiones creativas"— ignora la verdad. Las Escrituras nos recuerdan que el orgullo de los jóvenes es su fortaleza, pero las canas de sabiduría son aún más hermosas (Proverbios 20: 29). Job hace una afirmación retórica: "En los ancianos está la ciencia, y en la larga edad la inteligencia" (Job 12:12). El plan de Dios para los ancianos era que permanecieran como una parte vital de la comunidad. El punto fundamental es que, sea que aceptemos el diseño de Dios o no, y sea que entremos en nuestros "años dorados" gritando y pataleando o con expectativa y entusiasmo, no podemos escapar a lo inevitable: envejeceremos.

La aceptación de tal verdad no elimina los sentimientos conflictivos en cuanto a enfrentar la vejez. Muchas personas luchan porque la vejez significa que deben aceptar que hay que hacer cambios. El hacer cambios puede ser difícil. La gente se atormenta por el hecho de que las cosas serán diferentes. Pero no se puede evitar la necesidad de cambiar. Una verdad sobre el cambio, sin embargo, es que la aceptación se produce cuando una mujer se permite a sí misma lamentar lo que debe ser dejado atrás, y tal vez las cosas nuevas que deben tomar su lugar. Aun cuando hay un entusiasmo incondicional para hacer los cambios, el dolor es parte del proceso. No debe caernos de sorpresa que la mujer en la edad mediana, con todos sus cambios sociales y físicos, halle que tenga tanto que lamentar.

Por ejemplo, justo cuando el cuerpo de una mujer señala que debe comenzar su lucha en su peregrinaje personal de envejecer, con mucha probabilidad deberá simultáneamente confrontar la salud en deterioro de sus padres, los hijos que dejan el hogar, un cambio de carrera o estancamiento en su trabajo o, como la situación del Dr. Mayo y mía, una enfermedad. Su inesperado ataque de corazón nos forzó a reconsiderar nuestras prioridades y a reestructurar nuestras vidas como personas individuales y como pareja. Los llamados "años dorados" con frecuencia nos esfuerzan a evaluar y aceptar algunas responsabilidades serias. Cuanta más reevaluación y planificación hagamos antes de que ocurra la crisis, mayor oportunidad tendremos de manejarla bien.

Una evaluación honesta y oportuna está en orden. Debe comenzar con un repaso general de la condición de la mente, el cuerpo y el espíritu. La famosa actriz Brigitte Bardot tenía la idea correcta. Ella dijo una vez: "Es muy triste envejecer, pero es muy bueno madurar". Sus palabras dicen mucho sobre las decisiones que tomamos al envejecer y la actitud que tenemos hacia la vejez. Está muy lejos de ser un mensaje de desesperación. No es definir la vejez en términos de marchitarse o disminuir.

La madurez es la metáfora perfecta para describir la vejez de buena calidad. Piense en ello. La fruta no madura puede ser nutritiva, pero la fruta madura, en contraste, proporciona más que simple comida al cuerpo. Es atractiva; sus colores ricos y vibrantes y su perfume aromático nos atraen. Deseamos tomarla y participar de su exuberancia y su jugo.

¿Cómo cultivamos una personalidad de "fruto maduro"? ¿Cómo pasamos con gracia de una etapa a otra? Examinemos el proceso de maduración.*

La **R** significa restablecer prioridades. Una mujer en su mediana edad está comenzando el último tercio de su vida; no está al final de su vida. ¿Qué falta por hacer? ¿Qué falta que deba ser negado o iniciado? ¿Qué necesita atención inmediata? ¿Qué legado se dejará?

La **I** significa instituir nuevos hábitos de salud, como añadir suplementos nutricionales y tomar té verde.

La **P** significa fijar el paso, para que el ejercicio y la reducción del estrés lleguen a ser prioridades.

La **E** significa evaluar la salud para tomar decisiones con información sobre las necesidades individuales. Conocer su punto de referencia en cuanto a la salud es esencial para seguir adelante.

La **N** significa nutrición. Una dieta que dé como resultado una buena madurez requiere una evaluación inteligente de lo que se usa en la nutrición tanto del cuerpo como del alma.

CÓMO REDEFINIR NUESTRO CONCEPTO DE LA VEJEZ

Pensar en la vejez como madurez es un concepto nuevo para muchos. Cuando cambiamos nuestra forma tradicional de ver algo y la percibimos de una forma nueva, estamos "redefiniendo". Ver la vejez positivamente requiere redefinir. Redefinir es también apropiado cuando nuestra meta es asegurar que nuestras relaciones "maduren" una riqueza que sobrepase lo ordinario. Comenzamos a redefinir mirando sinceramente los papeles que hemos jugado tradicionalmente.

Por ejemplo, no está fuera de lo común que una mujer haya vivido como si todo dependiera de ella. Hay incluso un nombre para tal comportamiento; se llama el "síndrome de soberana del gallinero". Cualquier mujer que entre a la mediana edad habiendo sido la soberana de su gallinero puede hallarse comenzando el proceso de envejecimiento justificablemente cansada. De hecho, si usted es una mujer así, puede mirar a su vida de decir: "No puedo hacer esto más. Yo solía hacer antes diez cosas en diez minutos, pero no puedo más. ¡Además, tampoco lo quiero hacer!".

Si esto le suena familiar, usted necesita redefinir. El cumplir las demandas de los demás significa que tuvo que ceder algo en su vida. Con frecuencia se trata de cosas como el dormir o la buena nutrición, o tal vez algunos sueños y deseos personales que *usted* deseaba hacer: como pintar o tocar el piano. Tal vez su vida espiritual haya sufrido mientras usted era la soberana del gallinero. Puede que ciertamente sea nuevo para usted pensar más allá de ser "soberana", o más allá de simplemente sobrevivir, pero si cree que el contentamiento y la salud óptimos son las metas que definen el envejecer bien, entonces no tiene otra opción sino la de hacer los cambios necesarios.

Cualquier mujer que entre a la mediana edad habiendo sido la soberana de su gallinero puede hallarse comenzando el proceso de envejecimiento justificablemente cansada.

¿Dónde comenzar? En primer lugar, hay buenas noticias: aun las metas pequeñas pueden resultar en grandes cambios, y también permiten ajustes y correcciones. La pregunta que realmente se está haciendo es: "¿cómo puedo tratarme mejor a mí misma?". La mayoría de las mujeres puede tener más descanso, más tiempo a solas, menos responsabilidad, y un plan más estructurado para su salud. Cuando los síntomas de la menopausia señalan que el "cambio en la vida" ha comenzado, el proceso de reestructurar sus prioridades tiene más urgencia. Los factores de estrés que acompañan a la menopausia pueden complicar su curso, pero también proporcionan el ímpetu para el cambio.

LA MENOPAUSIA COMO UN NUEVO COMIENZO

La menopausia es una de las pocas cosas que todas las mujeres tienen en común. Es un proceso natural caracterizado por cambios en los estrógenos —las hormonas reproductoras—, la progesterona y en cierto grado la testosterona. La menopausia es un viaje que dura varios años, en vez de ser un momento específico o un día memorable cuando se toca un interruptor que abre las puertas de la edad madura. Técnicamente, una mujer después de la menopausia ya no tiene óvulos viables en sus ovarios y no ha tenido su período por un año.

La composición genética de una mujer, su estilo de vida, y su salud al entrar a la menopausia determinarán cómo será su experiencia. El tiempo antes de que las menstruaciones cesen —la premenopausia— puede ser más problemático para muchas mujeres que la postmenopausia, porque los niveles de hormonas fluctúan erráticamente. El cuerpo continúa produciendo hormonas, pero cambia la proporción de una hormona a otra. Hay mujeres que se preguntan de qué está todo el mundo hablando cuando se quejan sobre la menopausia. Estas son un tercio de mujeres afortunadas que pueden sinceramente decir: "¿La menopausia? Fue muy fácil; no tuve ningún problema". Otro tercio tendrá síntomas problemáticos de vez en cuando —tal vez por semanas o meses— y se preguntan: "¿Qué está ocurriendo? Las cosas son diferentes". El otro tercio de las mujeres pasa semanas o aun años sintiéndose terriblemente mal.

Ocasionalmente, las mujeres experimentos una menopausia "prematura". Pueden tener una enfermedad o tratamiento médico que haya destruido la función de sus ovarios. O simplemente nacieron sin un número de óvulos adecuados en los ovarios para sostener el número de ciclos necesarios para alcanzar la edad normal de la menopausia. La experiencia de la menopausia puede comenzar muy temprano para algunas mujeres (tan temprano como a los 37 años), con pequeños cambios tales como bochornos ocasionales y períodos irregulares. Estos pueden ser síntomas de que su cuerpo se está preparando para la menopausia: una etapa llamada premenopausia. Se dice que una mujer está en la "premenopausia" aproximadamente cinco años antes del último período menstrual. Los síntomas pueden intensificarse y llegar a ser más regulares, por lo que muchas mujeres se confunden durante ese tiempo y no conectan estos síntomas con la menopausia porque tal vez continúan teniendo períodos regulares. Con frecuencia, el médico de una mujer declara que ella es "muy joven" para comenzar la menopausia, y asegura que sus problemas de salud no están relacionados con los cambios hormonales. La menopausia temprana es más común entre mujeres que fuman y las que han tenido histerectomías. Una histerectomía, aun cuando los ovarios no hayan sido extirpados, puede afectar negativamente la fuente de sangre a los ovarios y contribuir a la menopausia temprana. El caso es que una mujer que haya sufrido una histerectomía y sienta que sus síntomas sugieren la menopausia, puede muy bien estar comenzando la menopausia y debe insistir en las pruebas apropiadas para determinar sus niveles hormonales.

Hay una tendencia entre las mujeres a pensar que una vez que sus períodos han cesado no necesitan preocuparse más por su salud: *He llegado a la menopausia. No necesito ninguna intervención médica; ni tengo que ir al doctor más.*

De hecho, después que los períodos cesen, otros asuntos de la salud pueden llegar a ser preocupaciones serias: osteoporosis, enfermedades del corazón, Alzheimer, y diabetes, entre ellas.

SIGNOS Y SÍNTOMAS DE LA MENOPAUSIA

El síntoma número uno de la menopausia es el período irregular. Una mayoría de mujeres (72 por ciento) haya que los períodos gradualmente se aligeran y finalmente cesan. Algunas mujeres sufren de períodos muy irregulares y/o muy fuertes, mientras que unas afortunadas, simplemente y de repente, dejan de tener períodos. El segundo síntoma más común tiene que ver con el control de la temperatura: bochornos, escalofríos y sudor nocturno. Estas fluctuaciones pueden durar unas semanas o (para algunas desafortunadas) años, y pueden fluctuar de un malestar leve a una incomodidad aguda. El sudor nocturno y los bochornos con frecuencia interrumpen el patrón del sueño o causan insomnio.

Mientras que la mayoría de las mujeres informa de algunos cambios en su función sexual, las disminuciones de estrógenos pueden resultar en un deseo sexual disminuido o causar dolor vaginal en el acto sexual debido a la reducción de la lubricación. El acto sexual doloroso y los problemas de emisiones de orina pueden ser corregidos añadiendo una crema de estrógenos, progesterona o testosterona natural o farmacéutica recetada por un médico y aplicada directamente en la vagina.

Muy poca hormona, si alguna, entra a la corriente sanguínea, y trabaja directamente en la fuente de la irritación fortaleciendo los tejidos de alrededor. El aumento de sangre en el área ayuda a reparar el área que ayuda para el control urinario, sin necesidad de cirugía. Las quejas en cuanto a la piel y cabellos secos son comunes.

Para algunas mujeres, la ansiedad, la depresión y el cambio emocional son los peores síntomas del cambio de hormonas. Un sentido de falta de esperanza, vida e insatisfacción hace la vida desgraciada para la mujer y a veces para los que viven con ella. La pérdida de memoria o la incapacidad de recordar palabras puede ser frustrante, evocando temores de Alzheimer. Los dolores de huesos y articulaciones también son quejas frecuentes.

FACTORES DE RIESGO DESPUÉS DE LA MENOPAUSIA

Mientras que las señales y síntomas de la menopausia causan problemas y pueden afectar la calidad de la vida de la mujer, los verdaderos riesgos son mucho más serios. Los síntomas pueden molestar tanto que una mujer puede sentir que se está volviendo loca, pero son los factores de riesgo los que matan. Las enfermedades cardiovasculares, el Alzheimer, la osteoporosis, la diabetes, y el cáncer de colon aumentan después de la menopausia. El decidir qué hacer, en caso de que sea necesario, acerca de estos riesgos depende del historial médico único de la mujer. Un examen médico completo y una evaluación son necesarios para entender la seriedad del riesgo de cada persona. El conocer los riesgos existentes provee una clave para las intervenciones necesarias y para tomar decisiones sabias para el tratamiento, si fuese necesario.

Aunque la mayoría de las mujeres están conscientes de que la menopausia trae cambios en su estilo de vida, muy pocas son realistas sobre los riesgos para la salud que enfrentan. Una reciente encuesta Gallup mostró que el 69% de las mujeres tiene miedo de morir de cáncer, y el 49% de entre ellas específicamente de cáncer de mama. Pero la realidad es que las enfermedades del corazón son el mayor riesgo para una mujer. Aproximadamente 450,000 mujeres mueren de enfermedades del corazón anualmente comparado con las 42,000 que mueren de cáncer de mama. De hecho, todos los cánceres ginecológicos combinados no se acercan a la tasa de mortalidad de las enfermedades cardiovasculares. Las mujeres desarrollan un mayor riesgo de padecer enfermedades del corazón después de la menopausia porque ya no tienen estrógenos para proteger la función cardiovascular.

Las decisiones sabias sobre cómo mejorar y mantener la salud no pueden ser tomadas sin una buena información. Para ayudarle a recordar la información que necesita obtener, piense en el acróstico HFHEP.

"HF" quiere decir el historial familiar. Es particularmente importante conocer si sus padres tuvieron enfermedades de corazón; en particular: su madre antes de los 64 años, su padre antes de los 55. Cuando el Dr. Mayo tuvo su ataque al corazón, estaba sorprendido de por qué habría ocurrido: "Yo siempre he estado muy sano. Me mantuve delgado, siempre hice mucho ejercicio, tomaba suplementos nutricionales, comía las comidas apropiadas. Y luego tuve el ataque corazón. Pero lo que no tomé en consideración fue el poder de mis genes. Mi padre tuvo un ataque al corazón a los 63 años".

Es igualmente importante considerar los factores genéticos para la osteoporosis. La enfermedad puede no haber sido diagnosticada oficialmente, pero usted puede estar consciente de ciertas claves: una abuela con una espalda "jorobada", o alguien en la familia con un historial de muchos huesos rotos. El riesgo aumenta si usted es asiática, de piel blanca, o tiene un historial de trastornos alimentarios o uso de esteroides (tal vez necesario debido al asma). Pregunte también si algún familiar sufrió de Alzheimer, diabetes o cáncer de colon. Ya que está embarcada en esto considere su propio historial médico. Recuerde los problemas médicos, exposiciones a tóxicos, y cosas por el estilo de su vida.

La segunda "H" en HFHEP quiere decir historial de cáncer de mama. Una madre o hermana que haya tenido cáncer de mama, particularmente a edad temprana, es una luz roja para que usted sea diligente con su cuidado médico y su nutrición. Tenga en mente, sin embargo, que la mayoría de los casos de cáncer de mama no son de origen genético.

La "E" quiere decir estilo de vida. A veces este es el aspecto más difícil al tomar su salud en serio. Muy pocas mujeres desean admitir que no hemos estado controlando nuestro peso o siendo diligentes en nuestra rutina de ejercicios. Tal vez hemos permitido que el estrés nos venza. ¿Puede usted ser honesta acerca de sus prácticas de la salud?

La "P" en HFHEP quiere decir las pruebas de laboratorio que usted debe hacerse para hallar con exactitud cuáles son sus riesgos. No debe tratar de adivinar. Así usted sabrá exactamente cuál es su condición respecto a varias enfermedades, así como sus riesgos de futuros problemas crónicos.

Es esencial tener un médico que sea su socio de la salud. Él o ella puede prescribir y explicar los resultados de las pruebas necesarias para darle un cuadro verdadero del estado de su salud. Armada con pruebas de laboratorio y reforzada por su historial familiar y personal, usted puede hacer un perfil médico individualizado que refleje correctamente su salud, qué intervenciones podría necesitar, y la dirección que debe tomar para asegurar un tercio final activo de su vida. Adicionalmente, cuanto más sana esté al entrar a la menopausia, menos tratamiento necesitará. Las intervenciones necesarias pueden ser mínimas.

EL TRIÁNGULO PARA ENVEJECER BIEN

Hay un método fácil para entender qué hacer por los síntomas de la menopausia y disminuir los riesgos asociados con la menopausia mientras mejora su salud en general: visualice sus intervenciones organizadas desde la parte baja hasta la parte alta de un triángulo. Su riesgo de efectos secundarios, costos y combinaciones de medicinas aumentan a medida que usted toma decisiones más cercanas a la parte alta del triángulo. El ángulo superior del triángulo incluye elecciones farmacéuticas potentes.

COMIENCE EN LA PARTE BAJA NO EN LA PARTE SUPERIOR

La base del triángulo para el envejecer bien —un estilo de vida saludable— proporciona el fundamento para el bienestar óptimo así como para la estabilidad personal. Es la base desde la cual las intervenciones médicas pueden ser añadidas en caso de ser necesarias.

Un fundamento sano depende de una buena nutrición. Los alimentos son la medicina más poderosa que usted pone su boca. Coma una variedad colorida de comidas y alimentos y escoja fuentes orgánicas cuando pueda. Incluya muchos vegetales cocidos y no cocidos, frutas, y una cantidad adecuada de proteínas de calidad (incluyendo soja y pescado). La soja fortalece el sistema inmunológico, reduce los bochornos y protege su corazón. Los beneficios de comer pescado (protección contra enfermedad del corazón y artritis), particularmente el salmón, por lo menos una o dos veces a la semana deben hacer de él un plato "indispensable" en su menú. Además, olvídese de las cosas blancas y agregue carbohidratos complejos de colores: como arroz integral, batatas, y pan integral. Cocine con aceite de oliva y añada una cucharada de aceite de linaza (se encuentra en las tiendas de alimentos naturales) a las ensaladas.

Haga ejercicio por lo menos 30 minutos al día, aun si debe dividirlo en 3 segmentos de 10 minutos. El hacer ejercicio reduce los bochornos, el estrés, y su peso. Protege su corazón, mantiene sus articulaciones en movimiento, fortalece sus huesos, e incluso puede ser un factor para la reducción del cáncer de mama.

Programe chequeos regulares con su médico y controle su salud manteniéndose al tanto del colesterol, la función de la tiroides, la homocisteína y otros componentes químicos de la sangre. Entre las edades de 40 y 50 años, hágase una mamografía cada dos años, y luego una cada año después de cumplir los 50 años si tres pruebas consecutivas han tenido resultados normales. Si tiene un historial de cáncer de mama, comience las mamografías anuales incluso antes. Hágase una citología anual hasta que llegue a la menopausia, y luego programe una cada dos o tres años. Recuerde que una citología es una prueba para el cáncer cervical, no para el cáncer de ovarios o de útero. Un examen pélvico es necesario para detectar estos otros cánceres.

También aprenda nuevas formas para manejar el estrés. Iníciese en el yoga por su doble beneficio de reducir el estrés y mantener las articulaciones ágiles. Mantenga relaciones saludables. Mantenga un equilibrio en su vida espiritual. Conéctese con su lado creativo y persiga un sueño ignorado desde hace tiempo. Reencuéntrese con la naturaleza yendo a ella o trayéndola a usted.

El significado de estos factores para una buena salud es que ejercen una influencia profunda en su salud pero están todos bajo su control. ¡Igualmente importante es que no tienen efectos secundarios negativos!

El seguir estas pautas de estilo de vida le ayudará a lograr un nivel de bienestar óptimo para usted como persona. No significa que nunca tendrá problemas de salud. La mayoría de las personas que han vivido por largo tiempo tienen problemas de salud únicos para ellos. La composición genética, las exposiciones tóxicas al ambiente y el desgaste natural significan que "el mantenimiento general" puede no ser suficiente. Por ejemplo, muchas mujeres pesan más lo que deberían.

Si usted tiene sobrepeso, haga que sus esfuerzos para perder peso sean sencillos. Continúe comiendo una gran variedad de comidas, pero simplemente vigile las porciones. No sea obsesiva contando las calorías o pesando cada bocado; en vez de eso use sus ojos. Es fácil ver que lo que le sirven en los restaurantes es mucho más de lo que cualquier ser humano necesita en una comida particular. Comparta su comida con una amiga, ¡o llévese la mitad a casa para el almuerzo del siguiente día!

Asegure el equilibrio apropiado de nutrientes usando la siguiente regla: un tercio de su plato debe ser una fuente de proteína del tamaño y grosor de la palma de su mano o de un montón de barajas. Otro tercio debe ser un carbohidrato complejo como arroz integral o pan integral. El otro tercio debe ser una variedad de verduras y/o ensaladas. La buena noticia es que está permitido comer verduras extras, ¡siempre y cuando no le ponga salsas o mantequilla en abundancia! Si a usted le encantan los postres, planéelo en el equilibrio de su comida en general. Un plato de frutas siempre es bueno. Los postres ricos y suculentos deben comerse en porciones pequeñas.

Es una buena idea sustituir parte del café que toma cada día por té verde o negro. El té tiene impresionantes poderes curativos, aumenta la inmunidad, disminuye el riesgo de enfermedades y ataques al corazón y es un gran calmante del estrés, especialmente si usted le da importancia al relajarse y tomarse un receso para tomar té.

Recuerde también los suplementos nutricionales. En 2002 el *Journal of the American Medical Association (JAMA [la Revista de la Asociación Médica Americana])* declaró que todas las personas en los Estados Unidos deben tomar un complejo vitamínico diariamente. La controversia ya se ha terminado. ¡Tómese su vitamina! Como regla, usted recibe la calidad por la cual paga. Las mujeres deben asegurarse que el complejo vitamínico que ellas tomen incluya una buena proporción de vitaminas "B" para contrarrestar el estrés. El ácido fólico, una de las vitaminas "B", es importante porque disminuye la homocistina, la cual inflama los vasos sanguíneos y contribuye a los ataques al corazón. Si usted está tomando píldoras para el control del embarazo o para los síntomas de la premenopausia, asegúrese de tomar vitaminas: las píldoras para el control del embarazo reducen las vitaminas. La vitamina E puede ser útil para reducir los bochornos en algunas mujeres y proteger su corazón y tal vez la memoria. Si su vitamina E contiene selenio, usted disminuirá sus probabilidades de padecer cáncer de colon en un 40 o 50 por ciento.

Los ácidos grasos esenciales (AGE) son críticos en la mediana edad. Su cuerpo no produce AGE y, por tanto, usted debe obtenerlo de fuentes de alimentos como nueces o pescado de aguas profundas, como caballa o salmón. Los ácidos grasos esenciales hacen literalmente que su cuerpo trabaje como una máquina bien engrasada, incluyendo su cerebro. Son instrumentales en el equilibrio de las hormonas, se sabe que ayudan a reducir los ataques al corazón y los derrames cerebrales, y ayudan a la prevención o alivio de la artritis y sequedad generalizada (incluyendo la sequedad de la vagina). De gran importancia es su capacidad de mejorar las funciones de las hormonas.

Debido a las preocupaciones sobre el control del peso, muchas mujeres evitan los productos lácteos ricos en calcio, resultando así con insuficiencia de calcio. La mejor prevención para la osteoporosis continúa siendo 1200 mg de calcio de buena calidad diarios en dosis de 500 mg, preferiblemente con adecuada vitamina D y magnesio provisto con el calcio o en un complejo vitamínico. Los primeros cinco años después de su último período menstrual, una mujer perderá entre un 3% a 5% de la densidad de sus huesos al año. Sin el calcio y el ejercicio adecuados, es posible que pierda hasta el 25% de sus huesos antes de que la pérdida se ralentice. El calcio es también bueno para los síntomas mentales y físicos del síndrome premenstrual (PMS). Funciona reduciendo la alta presión sanguínea y protege el corazón.

El punto fundamental es este: las mujeres de mediana edad deben tomar un mínimo de tres o cuatro suplementos diarios: un complejo vitamínico, una píldora de calcio, vitamina E y tal vez ácidos grasos esenciales si no comen pescado.

SUBIENDO EN EL TRIÁNGULO

Para los síntomas de la menopausia y otros problemas de la salud que no son tratados por los hábitos de buenos estilos de vida, la intervención adicional puede ser necesaria. Es sabio comenzar con los que tengan la menor posibilidad de efectos secundarios negativos. Las dosis de vitaminas botánicas y terapéuticas se ajustan apropiadamente. Si usted tiene una reacción, muy probablemente será un sarpullido, malestar gastrointestinal o dolor de cabeza. Ninguno de ellos amenazan la vida, y desaparecen cuando el "culpable" que causa el problema deja de tomarse.

Compre siempre "medicinas naturales" y vitaminas de empresas responsables que hayan estado en producción por un tiempo largo y que cumplan con las normas farmacéuticas. Las reacciones causadas por estos tipos de intervenciones no tienen nada que ver con las respuestas graves que pueden ocurrir con las medicinas recetadas. Un artículo reciente de JAMA informó de que casi 100,000 muertes al año ocurren en hospitales debido a problemas con las medicinas. Las medicinas anti-inflamatorias no de esteroides (NSAID), tales como Advil y el ibuprofeno son responsables de 16,000 muertes anuales como resultado del sangrado gastrointestinal repentino e inesperado.

Además de los suplementos botánicos y nutricionales, otros tipos de tratamientos médicos complementarios tales como la acupuntura, el masaje japonés shiatsu, o aún un masaje tradicional pueden ser útiles para aliviar una variedad de problemas. Una sustancia natural, la glucosalina —especialmente cuando se combina con condroitin— se ha demostrado que alivia el dolor de la artritis y disminuye el progreso de la enfermedad. Muchas mujeres descubren que las opciones naturales combinadas con buenos hábitos de estilo de vida reducen los bochornos, la depresión, el insomnio, y los cambios emocionales que pueden acompañar a la menopausia.

Las siguientes son algunas sustancias botánicas excelentes que usted puede considerar:

El cohosh negro es la prescripción principal recetada para los bochornos en Alemania. La producción de herbáceos allí está muy regulada, los estándares son altos, y los productos son bien investigados. Nuestra única opción es comprar de empresas con buena reputación. Además de aliviar los bochornos con mínimos efectos secundarios, si los hay, el cohosh negro ha probado ser eficaz en la mejora de la sequedad de la vagina y la depresión. El cohosh negro no es estrogénico.

El árbol casto afecta el equilibrio hormonal y es útil para aliviar el SPM. Equilibra la hormona estimulante folicular (FSH), la cual regula la ovulación.

La valeriana puede ser usada para mejorar el sueño, y el kava kava, en dosis apropiadas, es útil para la ansiedad o los ataques de pánico.

Las tiendas de productos naturales por lo general tienen formulaciones para la menopausia que contienen muchas de estas hierbas y otras, como la raíz de dong quai o ginseng. Estas pueden ser muy útiles si han sido procesadas por una buena empresa.

Una de las hierbas más antiguas, el gingko biloba, se ha usado por más de 2000 años, principalmente para ayudar a la memoria. Es un antioxidante del cerebro y del corazón. La mayoría de las personas la toleran bien, pero como es un anti-coagulante, debe ser equilibrado con otros medicamentos para diluir la sangre. La vitamina E, el ajo, y otras medicinas aceptadas tienen las mismas propiedades para diluir la sangre y deben dejar de tomarse si está pronta a hacerse una cirugía. Como el gingko mejora la circulación de la sangre, puede ser de ayuda para las personas que sufren de manos y pies fríos. Además, el gingko parece restaurar el interés sexual en las personas que toman Prozac o Zoloft para la depresión.

La depresión de leve a moderada puede ser ayudada por *St. John's Word*, aunque no funciona para la depresión aguda. Aunque tiene unos cuantos efectos secundarios, como cualquier medicamento puede potencialmente interactuar con otros.

Las hojas de espino o del castaño de Indias mejoran la circulación y el equilibrio del colesterol, y fortalecen los vasos sanguíneos. Incluso ayudan a prevenir las venas de araña: las venas rotas que aparecen principalmente en las piernas. Muchos médicos también recomiendan una aspirina infantil diaria para procesos anti-inflamatorios y para prevenir ataques al corazón.

Como los NSAID tales como el ibuprofeno y el Tylenol pueden tener efectos secundarios serios, especialmente en combinación con el alcohol, es sabio tratar de obtener alivio del dolor con sustancias naturales como la *boswellia*, cúrcuma, jenjibre o cayena. La combinación natural de aliviadores del dolor está disponible en tiendas de productos naturales.

Es siempre sabio consultar a su médico con una lista completa de todo lo que esté tomando. Las combinaciones de medicinas son enumeradas en varias páginas de Internet, así como las escalas de reducción de medicinas. Muchas medicinas aceptadas agotan el equilibrio natural del cuerpo de nutrientes, los cuales deben ser reemplazados.

UN PASO MÁS HACIA ARRIBA

Si los síntomas de la menopausia continúan siendo un problema, puede ser apropiado intervenir con lo que comúnmente se conoce como hormonas "naturales". Aunque todas las hormonas usadas como medicinas deben ser transformadas en el laboratorio, las llamadas "naturales" son menos potentes que muchas hormonas farmacéuticas porque se parecen a las hormonas producidas por el cuerpo de la mujer. Están disponibles sin recetas o en farmacias. La más conocida es la "progesterona natural", la cual se vende frecuentemente en forma de crema que se unta en la piel. Muchas mujeres hallan que alivia los bochornos y ayuda con la sensibilidad en las mamas, pero puede causar sensibilidad en otras mujeres. Aunque es menos probable que causen depresión que las versiones sintéticas de progesterona, la depresión continúa siendo un efecto secundario potencial. El Dr. Mayo la recomienda como un equilibrio para el estrógeno más que la versión sintética, especialmente ahora que puede ser prescrita por el médico y la calidad está asegurada. Los compuestos farmacéuticos pueden modificar las fórmulas de hormonas para que encajen más con las necesidades particulares de una mujer, y estas fórmulas pueden ser cubiertas por su seguro. Las hormonas naturales siguen siendo hormonas, y no deben ser la primera línea de defensa para los síntomas de la menopausia a menos que el estilo de vida y las intervenciones botánicas no hayan sido efectivos.

LLEGANDO AL VÉRTICE

El vértice de nuestro triángulo de intervención consiste en recetas farmacéuticas para el reemplazo de hormonas. El estudio para la Iniciativa de la Salud de las Mujeres (verano de 2002) recomendó que las mujeres que usan combinaciones de estrógenos/progesterona (HRT) dejen de usarlas debido al aumento de cáncer de mama, coágulos en la sangre y beneficios de protección menores de lo esperado para el corazón (una de las razones principales dadas previamente para su uso). Estas combinaciones son definitivamente problemáticas para las personas con enfermedades del corazón. El estudio continúa para las mujeres que se tratan solamente con estrógenos (ERT).

La terapia de estrógenos es beneficiosa para fortalecer los huesos y reducir el cáncer de colon. Varios estudios indican que previene contra el Alzheimer. Sea que una mujer continúe o inicie la terapia hormonal o no, ésta debe ser una decisión informada entre ella y su médico luego de un examen cuidadoso de la condición de su salud e historial familiar. Actualmente, la Sociedad Norteamericana para la Menopausia y la Asociación de Obstetras y Ginecólogos recomiendan que si una mujer comienza con las hormonas, debe planear un uso a corto plazo (de tres a cinco años) para el alivio de los síntomas (dependiendo de su historial) durante el período de mayor intensidad de los problemas de la menopausia y de la pérdida de masa ósea. No hay disponible información a largo plazo sobre el uso en aumento de parches y gel de testosterona para ayudar a aliviar los problemas sexuales o el deseo disminuido.

Debido a que más médicos tienen dudas en cuanto a recetar el HRT tradicional, están recomendando a sus pacientes que prueben las nuevas "hormonas de diseño" llamadas SERMS (moduladores de receptor de estrógenos selectivo). Aunque parecen fortalecer los huesos y en algunos casos aliviar los síntomas, son relativamente nuevas, y los efectos a largo plazo todavía no son claros. Nuestra recomendación continúa siendo una base firme de intervenciones de estilo de vida positivo como el paso más importante, y que continúe con hormonas como un último recurso para los síntomas o riesgos no controlados. Con cada paso subiendo el triángulo, las intervenciones más potentes aumentan el riesgo de otras complicaciones de salud.

QUÉ HACER CUANDO USTED YA HA MADURADO

Con el enfoque en el bienestar, nuestra tendencia es considerar la salud física y no prestar atención a la forma en que vivimos nuestra vida emocional y espiritual. Una de las mejores cosas sobre el envejecer es que nos da la capacidad de decidir qué es importante. A diferencia de otros desafíos que una mujer pueda haber enfrentado a lo largo de su vida, no hay nada que pueda hacerse para evitar envejecer. La edad madura debe ser bien recibida. El envejecer no significa de ninguna manera que ya no se tenga nada que ofrecer. La Biblia dice que el justo: "Aun en la vejez fructificarán; estarán vigorosos y verdes" (Salmo 92:14). ¿No es ése un pensamiento maravilloso? El dar fruto —madurar bien— ocurre porque la larga vida le ha permitido adquirir sabiduría, conocimiento, y entendimiento.

Aquello en lo que una mujer se enfoca y cómo pasa su tiempo llega a ser más importante siendo más consciente de que sus días están contados. El examinar cómo estamos y el escoger la mejor parte cumple con el mandato de Isaías 55:2: "¿Por qué gastáis el dinero en lo que no es pan, y vuestro trabajo en lo que no sacia? Oídme atentamente, y comed del bien, y se deleitará vuestra alma con grosura".

Son buenas noticias el que una mujer mayor tenga poca energía para la vida normal, porque esto significa que no tiene otra opción sino organizar sus prioridades. Ella ha demostrado resistencia y poder a lo largo de su vida; ahora simplemente necesita ser redirigida.

¿Dónde debe comenzar ella? ¿Dónde debe comenzar usted? Primero, examine el equilibrio en su vida. Elimine las cosas que ya no funcionen o que le estén atascando. Elimine las actividades que minen su confianza en sí misma, su gozo, su crecimiento personal y espiritual y, por supuesto, su salud. Pregúntese: "¿Qué tiene significado ahora?". Por primera vez para la mayoría de las mujeres, la dirección en la vida puede ser definida no por los deseos o demandas de otros, o por lo que una mujer haga bien basado en toda una vida de experiencia, sino más bien por los deseos o intereses que están madurando en su interior. El no poder vivir la vida como solía es un llamado a la reevaluación, y requiere un esfuerzo concentrado para cambiar. El hecho de que no haya días sin fin en su futuro le da al proceso un sentido de urgencia necesario para hacer lo que necesita hacer y para cambiar lo que necesita cambiar. Verdaderamente son "Buenas Noticias" el que usted no tenga que viajar por este sendero sola. "Fíate de Jehová de todo tu corazón, y no te apoyes en tu propia prudencia. Reconócelo en todos tus caminos, y él enderezará tus veredas" (Proverbios 3:5-6).

❧

ACERCA DE LOS AUTORES

Joseph y Mary Ann Mayo son socios tanto en lo profesional como en lo personal. Juntos han escrito *The Menopause Manager (El manejo de la menopausia)*, han fundado la clínica A Woman's Place Medical Center, y dan conferencias a escala nacional sobre temas del bienestar de la mujer.

Mary Ann Mayo M.A., M.F.T., es terapeuta licenciada en matrimonio y familia, y ha escrito 10 libros. Los más recientes son *Twilight Travels with Mother* (El ocaso de mi madre) acerca del miedo de contraer Alzheimer, y *Good for You! Smart Choices for Balancing Hormones* (¡Qué bien! decida sabiamente para balancear sus hormonas)

Joseph Mayo, M.D., F.A.C.O.G., un médico compasivo durante su carrera, llevó a cabo su residencia en obstetricia y ginecología en la Escuela de Medicina de Stanford y estableció una de las primeras clínicas médicas en enfocarse en la salud de la mujer de mediana edad y la menopausia.

* La palabra inglesa *"ripen"* usada en este acróstico se traduce al español como madura (N.T.)

VERSÍCULOS QUE INSPIRAN

"Los días hablarán, y la muchedumbre de años declarará sabiduría". (Job 32:7)

[El Señor dice:] "Y hasta la vejez yo mismo, y hasta las canas os soportaré yo; yo hice, yo llevaré, yo soportaré y guardaré." (Isaías 46:4)

"Corona de los viejos son los nietos, y la honra de los hijos, sus padres". (Proverbios 17:6)

"Has aumentado, oh Jehová Dios mío, tus maravillas; y tus pensamientos para con nosotros, no es posible contarlos ante ti. Si yo anunciare y hablare de ellos, no pueden ser enumerados". (Salmo 40:5)

La imagen corporal y los desórdenes alimentarios

❦

LINDA S. MINTLE, PH.D.

¿O ignoráis que vuestro cuerpo es templo del Espíritu Santo,
el cual está en vosotros, el cual tenéis de Dios, y que no
sois vuestros? Porque habéis sido comprados por precio;
glorificad, pues, a Dios en vuestro cuerpo y en
vuestro espíritu, los cuales son de Dios.
—1 CORINTIOS 6:19–20

Los desórdenes alimentarios, junto con una imagen corporal negativa, son serios problemas que afectan a millones de personas, especialmente a las mujeres. Pero cientos de mujeres y hombres se preocupan por su peso y usan la comida para hacerles frente a los asuntos emocionales y relacionales.

¿Ha dicho usted alguna vez cosas como: "odio mi cuerpo", "si tan solo fuera 10 kilos más delgada", "cuando adelgace seré más feliz", "no tengo control de mí misma", "como cuando no tengo hambre", "mañana empezaré una dieta", "tengo que ser más delgada que todo el mundo", o "siento que tengo que vomitar"?

O tal vez usted sienta la necesidad de ser perfecta o de complacer siempre a los demás. Cualquier error significa que usted ha fracasado, y el fracaso no es aceptable. Cuando usted fracasa, lucha con el odio propio.

O tal vez usted esté una relación destructiva, uno de ustedes sabe que no es sana. O tal vez esté enojada secretamente con su esposo pero no puede armarse de valor y decírselo porque tiene miedo de que él la deje.

Desgraciadamente, la forma en que usted se enfrenta a estos sentimientos es mediante la comida: come en exceso y luego vomita, o come demasiado de manera compulsiva, o come todo el día y observa cómo gana peso. Usted siente que la vida está fuera de control.

Si cualquiera de estas descripciones se aplica a usted, puede correr el riesgo de desarrollar un desorden alimentario. Y usted no está sola. Se estima que 11 millones de personas en los Estados Unidos tienen desórdenes alimentarios y 34 millones tienen sobrepeso. Esa es una gran cantidad de personas luchando con asuntos relacionados con la comida. Tratemos, entonces, de entender más sobre los desórdenes alimentarios y la obsesión por la comida.

SE PUEDE ABUSAR DE LA COMIDA

Es fácil abusar de la comida porque es barata, está disponible, sabe bien, satisface físicamente y consuela emocionalmente. Y, a diferencia de las adicciones verdaderas, una no puede abstenerse de la sustancia de la cual se abusa. Como el comer es parte de nuestra vida diaria, es difícil evitarlo.

Además, el abuso de la comida no tiene el estigma que tienen el abuso del alcohol y las drogas. Tal vez esto explique, en parte, por qué los problemas alimentarios son tan prevalecientes en la iglesia. Las actividades cristianas generalmente involucran comida. Nos reunimos, nos saludamos y comemos en la iglesia. Se podría decir que la comida es el exceso aceptable usado para suavizar el dolor interpersonal y emocional. La comida aun puede llegar a ser un ídolo y una fuente de obsesión. Pueden abusar de ella personas con fe y sin fe.

¿Cómo, pues, pasa una del exceso ocasional a estar obsesionada con pensamientos sobre la comida? La respuesta no es fácil. Hay muchos factores que entran en juego en el desarrollo de los problemas alimentarios.

¿QUÉ SON LOS DESÓRDENES ALIMENTARIOS?

Aunque son llamados *desórdenes alimentarios*, no tratan simplemente acerca de la comida. El enfoque en hacer dietas y en el peso puede ser un comienzo obvio de un desorden alimentario, pero hay muchas más cosas implicadas. Los hábitos alimenticios sufren trastornos y el peso recibe un enfoque desproporcionado, pero las raíces de estos problemas no tienen nada que ver con la comida.

La mayoría de los desórdenes alimentarios emergen durante el tiempo de la pubertad y cuando un adulto joven se prepara para dejar el hogar. Esos son momentos de estrés del desarrollo debido a que:

- El cuerpo está cambiando
- La sexualidad emerge
- Comienzan las relaciones románticas
- Se forma la identidad
- Aumenta la independencia

Las siguientes son algunas verdades útiles que debemos saber sobre los desórdenes alimentarios:

- Los desórdenes alimentarios afectan a hombres y mujeres de todas las edades, pero se producen especialmente en mujeres jóvenes.
- Los desórdenes alimentarios afectan a un amplio segmento de la población, incluyendo todas las clases sociales, grupos étnicos y razas.
- Hay personas que mueren a causa de estos desórdenes.
- La intervención temprana es lo mejor.
- Los desórdenes alimentarios son mejor tratados por un equipo multidisciplinario.

Debido a que los desórdenes alimentarios son principalmente un problema de la mujer, con frecuencia es difícil para los hombres con desórdenes alimentarios el reconocer el problema o solicitar ayuda. Sin embargo, los asuntos subyacentes en los desórdenes alimentarios son similares para ambos sexos, con unas simples variaciones para los hombres. Los desórdenes alimentarios en los hombres con frecuencia comienzan debido a la burla y la chanza por parte de los compañeros y la dificultad para vivir conforme al ideal masculino. Los muchachos que luego desarrollan desórdenes alimentarios tienden a no ser atléticos, y más pasivos e independientes que los muchachos que no lo desarrollan. Los conflictos de identidad de género y la dinámica familiar juegan también un papel en este desarrollo. Todo esto conduce a sentimientos negativos sobre el cuerpo.

¿QUÉ CAUSA UN DESORDEN ALIMENTARIO?

Los medios de comunicación ciertamente influyen en la forma en que las mujeres y los hombres se sienten acerca de sus propios cuerpos. En los Estados Unidos la población es bombardeada con imágenes de cuerpos glamorosos y perfectos. Dondequiera que miremos, vemos cuerpos esculpidos a la perfección. Seamos sinceras: comparada con la modelo promedio que mide 5'8", pesa 100 libras, y usa una talla 2, la mujer promedio en los Estados Unidos con sus 5'4", 144 libras y talla 12 no se puede comparar.

Hay una presión tremenda en el mundo de hoy para lucir hermosa y ser delgada, pero, obviamente, la comida y la obsesión con el peso implican algo más que estas metas, o si no todos tendríamos desórdenes alimentarios. Aun así, el impacto negativo de las imágenes de los medios de comunicación no puede ser ignorado. Ahora tenemos niñas de nueve años haciendo dietas, adolescentes solicitando cirugía plástica, e imágenes computerizadas de mujeres glamorosas que aparentan ser lo que no son. Se gastan miles de millones de dólares en productos para la pérdida de peso, y con todos nuestros esfuerzos, 34 millones de personas de los Estados Unidos todavía tienen sobrepeso.

Aunque sabemos que los medios de comunicación influencian nuestros pensamientos y sentimientos sobre nuestros cuerpos, la cuestión obvia es cómo un cálculo estimado de 11 millones de personas pasan de estar algo preocupadas por su cuerpo y su peso a desarrollar desórdenes alimentarios.

La respuesta es compleja. No hay un factor particular que cause un desorden alimentario. Una combinación de factores se hayan implicados. Por las investigaciones y la práctica clínica sabemos que los siguientes factores contribuyen al desarrollo de un desorden alimentario:

- ⚘ Las dietas
- ⚘ Un historial de desórdenes emocionales o un historial familiar (especialmente en bulimia)
- ⚘ Hábitos alimentarios familiares extraños

- ✤ Fuerte preocupación por parte de la familia por la apariencia y el peso
- ✤ Insatisfacción con su propio cuerpo y un fuerte deseo de ser delgada
- ✤ Eventos del desarrollo normal tales como pubertad, el dejar el hogar, una nueva relación con el sexo opuesto
- ✤ Comentarios negativos repetitivos sobre la apariencia
- ✤ Un énfasis sobre el ser delgada
- ✤ Un historial familiar positivo de desórdenes alimentarios unido a las dietas
- ✤ Características de la personalidad. Por ejemplo: las personas anoréxicas tienden a ser rígidas y perfeccionistas. Las personas bulímicas con frecuencia carecen de control de sus impulsos y luchan con emociones inestables
- ✤ El ambiente familiar
- ✤ Posible predisposición genética

TIPOS DE DESÓRDENES ALIMENTARIOS

La anorexia implica una severa pérdida de peso (15 por ciento o más), ejercicio excesivo, evasión de la comida, una imagen del cuerpo extorsionada, miedo a ganar peso y ausencia de menstruación (tres ciclos consecutivos) en las mujeres. Los síntomas médicos tales como irritabilidad y depresión, problemas gastrointestinales, dolores de cabeza, sensibilidad al frío, un pulso y temperatura bajos, pérdida del cabello, debilidad y ansiedad, un bajo nivel de azúcar en sangre, desmayos y una capacidad reducida para concentrarse, pueden ser los resultados.

La bulimia está caracterizada por la purga auto impuesta después de comer en exceso o comer demasiado de manera compulsiva. La purga puede tomar la forma de vómitos, abusos de laxantes, el uso de diuréticos y/o píldoras de dietas, ayunos para controlar el peso, o el uso de jarabe de ipecacuana o enemas para librarse de la comida en el cuerpo. Este comportamiento se produce por lo menos dos veces a la semana durante tres meses. Pueden desarrollarse problemas médicos serios como resultado del ciclo de comer en exceso y purgarse. Estos incluyen grandes fluctuaciones de peso, dolor gástrico, dolores de cabeza, irritaciones de la piel, trastornos de los electrolitos, pérdida de dientes y enfermedad de las encías, depresión y paro cardíaco.

El comer en exceso o el comer demasiado de manera compulsiva usualmente implican episodios impulsivos y poco controlados de comer en exceso, en los cuales se consume comida alta en calorías en cantidades excesivas y varias veces en un día. Usted come al punto de sentirse mal, y luego le repugna la manera en que come. Puede experimentar dietas o ayunos crónicos y esporádicos, retracción social, depresión, ansiedad y ataques de pánico, evasión de los estudios o el trabajo, y/o baja autoestima. Como este comportamiento típicamente causa un aumento de peso, usted puede desarrollar problemas médicos asociados con la obesidad.

RECUPERACIÓN O LIBERTAD

Ahora que usted tiene un entendimiento básico de las señales y complicaciones médicas de estos desórdenes, ¿cómo se recupera o, aún mejor, halla libertad de tal esclavitud? Usted necesita ayuda. El tratar de resolver esto por su propia cuenta es difícil, porque usted ha aprendido a conectar su forma de comer a las emociones subyacentes y dificultades interpersonales que experimenta. Por ejemplo: ¿restringe usted la forma en que come cuando no se siente a gusto socialmente? ¿Come usted en exceso después de una pelea con su esposo? ¿Interioriza el rechazo y las heridas consolándose a usted misma con la comida? El hacer la conexión entre estas situaciones, sus emociones acompañantes y su forma de comer, es el inicio del camino hacia la libertad. Finalmente, usted se dará cuenta de que la comida se usa para enfrentar las situaciones, para hacerse insensible y para suavizarse.

No niegue la verdad. La negación es muy común cuando se lucha con un desorden alimentario. A nadie le gusta admitir que ha perdido el control de su forma de comer. Esto comunica debilidad (aunque en el caso de la anorexia, el control excesivo de la comida puede darle un sentido de poder). La negación del desorden es lo que evita que la mayoría de las personas mejore.

Para hacer el trabajo necesario para obtener libertad, usted primero debe admitir que tiene problemas. Esto significa dejar a un lado su orgullo y confiar en que la gente no la odiará o la rechazará por sus hábitos anormales de comer.

Sí, da asco vomitar después de una comida porque se siente llena, pero el esconder este secreto la mantendrá atrapada. El enfrentar la verdad y reconocer el dolor emocional y espiritual es esencial. La negación bloquea su intimidad con otros y con Dios. El mejorarse requiere que usted dé un paso de fe.

El mejorarse requiere que usted dé un paso de fe.

Las siguientes son otras áreas de su vida a considerar cuando se trata de abandonar los síntomas alimentarios.

- Orgullo—Usualmente usted necesita ayuda de Dios y de otras personas a su alrededor. Con mucha frecuencia, un terapeuta de salud mental entrenado y un equipo necesitan estar involucrados. Ponga de lado su orgullo y obtenga ayuda.

- Control—Un desorden alimentario es un sentido falso de control. Sea que usted esté fuera de control o tratando de controlar demasiado lo que come, ha perdido el control de un patrón alimentario saludable.

- Engaño—Espiritualmente, no sea engañada por el enemigo que desea destruirla; él puede usar su desorden alimentario para destruir su vida. Quítese el velo espiritual y permita que Dios obre. Su imagen corporal será distorsionada, de manera que no puede confiar en lo que ve en el espejo hasta que se mejore. Por eso es importante el hallar a un terapeuta de confianza, amigos y familiares. Nadie quiere verla gorda. Piense en eso.

Nadie se beneficia de que usted engorde. Dios y las personas que la aman desean verla sana.

❧ Tiempo—El liberarse de un desorden alimentario toma tiempo y trabajo. No se dé por vencida cuando se sienta mal o cometa errores. Usted debe comprometerse con el proceso. Rara vez una persona pasa de la lucha a la libertad sin dar pasos hacia delante y hacia atrás. Al final, usted tendrá éxito si no permite que el desánimo se apodere de usted. Permítase tiempo para realizar los cambios necesarios.

PREGUNTAS:

❧ ¿Confiará usted en alguien para ayudarla?

❧ ¿Será usted honesta sobre su comportamiento?

❧ ¿Compartirá usted sus pensamientos sin importar cuán estúpidos o vergonzosos puedan parecer?

❧ ¿Enfrentará las heridas dolorosas en su vida?

❧ ¿Tratará usted con sus problemas de relaciones y sentimientos de poca valía?

❧ ¿Enfrentará el engaño que ha adoptado (como que usted está gorda, no es buena y nadie la puede amar)?

❧ ¿Le permitirá usted a Dios ayudarla a renunciar al falso control que usted tiene y depender de Él?

❧ ¿Aceptara usted sentirse incómoda para mejorarse?

❧ ¿Renunciará a tratar de actuar en su propio poder?

❧ ¿Tolerará usted el fracaso?

Si su respuesta es "Sí" a estas preguntas, halle una profesional entrenada de la salud mental que trabaje con un equipo multidisciplinario. Ella le ayudará a desarrollar hábitos alimentarios normales, establecer un peso saludable para su estatura y complexión, y trabajará en asuntos personales e interpersonales relacionados.

CONSIDERACIONES PARA EL TRATAMIENTO

Los desórdenes alimentarios con frecuencia coexisten con otras enfermedades. Usted puede necesitar también ser evaluada en lo siguiente. No es inusual que alguien con un desorden alimentario también experimente depresión, ansiedad, comportamiento y pensamientos obsesivos compulsivos, que tenga un historial de abuso sexual, o que tenga problemas con el abuso de sustancias. Un terapeuta puede ayudarla a tratar con estos problemas así como con los síntomas del desorden alimentario.

El tipo de tratamiento que usted reciba puede incluir desde asistir a un grupo de apoyo hasta ser hospitalizada. La gente puede morir a causa de los desórdenes alimentarios, así que, a veces, puede que se necesite la hospitalización. ¿Cómo se puede saber cuándo es necesario? Las siguientes son algunas pautas.

- Pérdida de peso seria, e incapacidad de ganar peso
- No puede controlar los ciclos de comer en exceso/purgarse
- Depresión con pensamientos de suicidio

᭧ Pensamiento desorganizado

᭧ Fracaso en el tratamiento como paciente externa

¿QUÉ NECESITA CAMBIAR?

Usted necesita cambiar sus hábitos alimentarios. Eso debería ser obvio. Además, debe dejar de hacer dietas, ayunos y ejercitarse compulsivamente. Deje de evitar ciertas comidas y de clasificarlas en categorías buenas y malas. Además de cambiar sus hábitos alimentarios, también necesitará trabajar en sus pensamientos, emociones, identidad, sexualidad, aceptación, impulsos perfeccionistas, relajación, intimidad espiritual, resolución de heridas pasadas, y relaciones familiares e interpersonales.

᭧ *Peso.* Su peso necesita ser estable y apropiado para su estatura y complexión. Usted podrá tener que trabajar con una dietista titulada para perder o ganar peso. Generalmente, el objetivo (el peso saludable mínimo) y el peso ideal (el rango de peso para su estatura y complexión) están establecidos. Es importante que usted conozca estos pesos y trabaje hacia esas metas sin importar cómo se sienta.

᭧ *Pensamiento renovado.* Sus pensamientos son influencias poderosas para sus sentimientos y comportamiento. La mayoría las personas con problemas alimentarios y de imagen corporal tienen pensamientos muy negativo sobre sí mismas. Por ejemplo, usted puede pensar: *Yo soy lo que peso. Debo estar delgada para ser aceptada. Si la gente realmente me conociera, me odiaría.* Según la Palabra de Dios, usted es especial, maravillosamente creada, y necesita tener un entendimiento completo de esto y creerlo. Hay numerosos versículos a aprender y sobre los cuales meditar que fortalecerán su autoestima. En oración, pídale a Dios que le ayude a entender sus puntos fuertes y dones, y a saber quién es Él y su promesa de nunca dejarla ni abandonarla. Dios desea capacitarla mediante su Espíritu. Él desea que usted renueve a diario su mente mediante la oración y la lectura de su Palabra. Él quiere reemplazar las mentiras del enemigo con su verdad.

Usted también puede que tenga que aprender a modificar sus pensamientos. Las personas con desórdenes alimentarios tienden a pensar en términos de todo o nada, blanco o negro. Por ejemplo, usted puede sentirse no amada cuando su esposo reacciona enojado. En vez de pensar: *él no me ama*, usted debe contrarrestar esos pensamientos negativos de todo o nada con pensamientos más moderados como: *el simple hecho de que se haya enojado no significa que no me ame. Tal vez haya tenido un mal día.*

༄ *Regule sus emociones.* Usted debe aprender a identificar lo que siente y luego regular esos sentimientos. Las personas con desórdenes alimentarios con frecuencia reaccionan de formas extremas, muy emocionalmente o sin emoción alguna. Una respuesta más moderada es permitir que sus emociones surjan y no restringirlas, o aprender a manejar sus emociones y no dejar que estas le manejen a usted. Toda persona debe aprender a contender y tolerar los malos sentimientos cuando le lleguen, no evitarlos o minimizarlos. El permitir que los sentimientos negativos surjan es saludable y sanador, especialmente cuando tienen que ver con pérdidas. Aprenda a identificar y expresar sus emociones en vez de interiorizarlas. Luego enséñese a sí misma a confrontar esos sentimientos negativos de formas nuevas y firmes que incorporen métodos para la solución de problemas.

✎ *Verdadera identidad.* Los desórdenes alimentarios crean identidades falsas. Usted no es lo que come ni es definida por su peso. Primero, halle su identidad en Cristo (usted ha sido creada maravillosamente, creada a su imagen, etc.), y luego halle su voz y úscla. Da un poco de temor el afirmar su verdadera identidad, pero finalmente se sentirá más a gusto con ella. Permita que Dios le moldee a su imagen, por su Espíritu. Él le ama y le acepta incondicionalmente.

✎ *Sexualidad.* Acepte su sexualidad. Esta fue creada por Dios y es algo hermoso. Sin embargo, como todas las mujeres, usted debe aprender expresiones sexuales apropiadas y a manejar sus impulsos. No funcione en los extremos: negando su sexualidad privándose de ella o permaneciendo inmadura corporalmente, o rindiéndose a los impulsos sexuales estando fuera de control y siendo impulsiva.

✎ *Agradar a otros.* Deje de darle poder a otros para determinar su valor. El hacer cosas y sacrificarse por otros no hace que ellos le amen más. Hay un equilibrio entre el preocuparse por usted misma y preocuparse por otros que debe ser aprendido. La única persona a la cual usted debe agradar es a Dios. Siga sus pautas para la vida.

❧ *Perfección.* Deje de tratar de ser perfecta. Es una batalla perdida con la ansiedad. Sólo Jesús fue perfecto. Las personas imperfectas siguen siendo amadas y aceptadas por Dios. En esta vida no podrá obtenerse la perfección. Dios le ama de todas maneras.

❧ *Relajamiento.* Muchas mujeres y jovencitas no saben cómo relajar sus cuerpos. Practique estrategias de relajación y aprenda la diferencia entre un estado constante de tensión y relajación. Cuanto más pueda relajar su cuerpo sin usar la comida, mejor se sentirá.

❧ *Trate con las heridas del pasado y los problemas de las relaciones.* Usted puede necesitar terapia familiar. Los desórdenes alimentarios con frecuencia nacen de un dolor interpersonal: un padre distante, una madre crítica y ansiosa, un tío sexualmente abusivo, un padre alcohólico impredecible, etc. Usted debe tratar con el dolor familiar e interpersonal sin usar la comida como un mecanismo de escape. Las familias ayudan a mantener los desórdenes alimentarios porque las familias son con frecuencia los laboratorios de aprendizaje para enfrentar la vida. Deje que un terapeuta le ayude en sus necesidades de confrontación, perdón, patrones familiares negativos y relaciones interpersonales.

Con la ayuda de un terapeuta, confronte el pasado abusivo. Hay una alta correlación entre la bulimia y el abuso sexual. Si usted fue violada en una cita, experimentó una violación marital, o fue víctima del incesto, debe tratar con ello.

Si sus padres están en un matrimonio infeliz, no es su responsabilidad solucionarlo. El estar enferma puede mantenerles a ellos enfocados en usted por un tiempo, pero no es una solución. Permita que un terapeuta marital trabaje con ellos, y usted ocúpese de sus propios asuntos, de su propio crecimiento y de dejar el hogar emocionalmente. Si usted está en un matrimonio no saludable, debe trabajar en su matrimonio. Un desorden alimentario puede ser una distracción de los problemas reales de la soledad y el sentirse vacía en la relación. Muy probablemente, usted haya escogido un compañero que está ayudando mantener sus síntomas. Él puede querer ser quien la rescate, o ser pasivo, etc. Cualquiera que sea la razón, el trabajar en su matrimonio puede librarlos a ambos de la esclavitud de estos desórdenes.

Usted también debe tratar con la estructura familiar. Generalmente, las personas anoréxicas vienen de familias demasiado estructuradas, preocupadas por la buena apariencia a toda costa. Las personas bulímicas tienden a ser de familias más caóticas, que con frecuencia carecen de control. La tarea es hallar el equilibrio cuando se trata de la estructura familiar.

Las siguientes son ayudas relacionadas con la familia:

- No promueva el ser delgada como muy bueno y tener sobrepeso como terrible.
- Evite categorizar la comida como "buena" y "mala".
- Respete los espacios personales en la familia.
- Evite los comentarios negativos sobre la apariencia física.
- No enfatice demasiado el cuerpo y la belleza.

DÓNDE COMENZAR

El siguiente es un sencillo ejercicio que puede comenzar hoy mismo para ayudarle a entender mejor por qué usted come de la manera en que lo hace.

Tome papel y haga cuatro columnas, dándoles nombres según se muestra abajo en negrita. Luego considere las situaciones, las emociones y los pensamientos que le inciten a comer en exceso o a dejar de comer, y escríbalas según el ejemplo de abajo. Con el tiempo, usted puede notar un patrón. Una vez que vea un patrón, puede determinar hacer algo sobre estas situaciones, emociones, o pensamientos de manera diferente (sin abusar de la comida).

Situación	Emoción	Pensamientos	Comportamiento
Pelea con el esposo	Ira	Él me va a dejar	Comí demasiado

LIBERTAD Y TRANSFORMACIÓN

La recuperación es deseable, pero la libertad es nuestra meta final. Usted no tiene que ir por la vida luchando con los problemas de la comida y el peso. Usted puede quedar completamente libre de estos desórdenes a medida que le permite a

Dios moverse y hacer la difícil obra de reparación y lamento por la pérdida. Nada es imposible con Dios. Ore por sanidad; abandone su orgullo y trabaje en todos los asuntos que hemos mencionado, y usted será libre.

ARRAIGADA EN CRISTO

Al final de este capítulo hay varios versículos para ayudarle a establecer su identidad en Cristo. Usted es su hija, y su identidad no depende de lo que usted haga, cuánto pese, o su apariencia. Usted le pertenece a Él por lo que Cristo hizo por usted.

ACERCA DE LA AUTORA

Linda S. Mintle, Ph.D., ha sido especialista en el campo de los desórdenes alimentarios, la infertilidad y los problemas matrimoniales y familiares como terapeuta por más de 20 años. Fue profesora asistente en el Departamento de Psiquiatría de la Escuela de Medicina del Este de Virginia, y es escritora, columnista y comentarista.

VERSÍCULOS QUE INSPIRAN

"Jesús les dijo: Yo soy el pan de vida; el que a mí viene, nunca tendrá hambre; y el que en mí cree, no tendrá sed jamás". (Juan 6:35)

"¿Se olvidará la mujer de lo que dio a luz, para dejar de compadecerse del hijo de su vientre? Aunque olvide ella, yo nunca me olvidaré de ti. He aquí que en las palmas de las manos te tengo esculpida".
(Isaías 49:15–16a)

"¡Oh Señor Jehová! he aquí que tú hiciste el cielo y la tierra con tu gran poder, y con tu brazo extendido, ni hay nada que sea difícil para ti". (Jeremías 32:17)

"Jehová es mi fortaleza y mi escudo; en él confió mi corazón, y fui ayudado, por lo que se gozó mi corazón, y con mi cántico le alabaré". (Salmo 28:7)

"Estas cosas os he hablado para que en mí tengáis paz. En el mundo tendréis aflicción; pero confiad, yo he vencido al mundo". (Juan 16:33)

"Mi Dios, pues, suplirá todo lo que os falta conforme a sus riquezas en gloria en Cristo Jesús". (Filipenses 4:19)

Cómo ser sanada del
abuso sexual

෫⅍

DIANE LANGBERG

Se deshace mi alma de ansiedad;
Susténtame según tu palabra.
—SALMO 119:28

La Escritura deja bien claro que no hay mal que el corazón humano no sea capaz de cometer (Salmo 140:2), aún el mal del abuso sexual. Aunque, maravillosamente, Dios es un Dios de redención. Él es más que capaz de alcanzar a aquellos que han sido quebrantados por el abuso sexual y recrear en ellos una vida de belleza que da gloria a su nombre.

¿QUÉ ES EL ABUSO SEXUAL?

El término "abuso sexual" se refiere a una gran variedad de comportamientos. Consiste en cualquier actividad sexual —verbal, visual, o física— realizada sin consentimiento. El abuso sexual contra un niño(a) se produce cuando un adulto explota sexualmente a un menor para satisfacer las necesidades del que abusa. Se considera que un menor no puede consentir debido a la inmadurez de su desarrollo y a la incapacidad de entender el comportamiento sexual. El abuso sexual contra un menor es delito en los cincuenta estados de los Estados Unidos.

Consideremos los diferentes tipos de abuso que pueden ocurrir. El abuso sexual verbal consiste en amenazas sexuales, comentarios sexuales acerca del cuerpo del niño(a), acoso, o comentarios lujuriosos. El abuso sexual visual incluye cosas como material pornográfico, exhibicionismo y voyeurismo. El abuso sexual físico incluye acariciar las partes privadas del niño(a), sexo oral, coito o penetración de cualquier tipo. El abuso sexual contra un menor se produce a menudo en el contexto de una relación en la que el niño(a) tiene todas las razones para esperar protección y amor del adulto implicado. La mayoría de los abusos sexuales son perpetrados por un adulto que tiene fácil acceso al niño(a) en virtud o bien de su autoridad, como por ejemplo un maestro o pastor de jóvenes, o bien mediante parentesco, como padres, tíos, o primos.

Los cálculos estimados conservadores sobre el abuso sexual en la niñez en los Estados Unidos indican que una de cada cuatro niñas y uno de cada seis niños han sufrido abusos sexuales antes de los dieciocho años de edad. Puede ser un incidente aislado o algo que suceda por varios años. La edad promedio del niño cuando se produce el abuso está entre los seis y los doce años. Los estudios dicen que para un porcentaje menor, el abuso comienza antes de los seis años de edad. No sabemos lo poco informado que pueda estar este tipo de abuso. El abuso que ocurre a una edad muy temprana, y que es repetitivo y forzado, es puesto bajo llave en la mente y a menudo olvidado por largos períodos de tiempo. La mayoría de los que abusan son hombres, sin tener en cuenta el género sexual de sus víctimas, y la mayoría de los que abusan son considerablemente mayores que sus víctimas.

CÓMO AFECTA EL ABUSO A LA MUJER

La severidad de la reacción de la víctima del abuso sexual depende de muchos factores. De hecho, no todo abuso sexual tiene un efecto a largo plazo. Dos personas pueden vivir experiencias similares con reacciones bastante diferentes.

Cada persona es única.

Varios factores contribuyen al nivel de trauma que una víctima de abuso sexual puede sentir:

❁ Cuanto más frecuentemente el abuso ocurrió y cuanto más tiempo duró

❧ Cuanto más cercana sea la relación entre la víctima y el que abusa

❧ Cuanto mayor sea la diferencia de edad entre la víctima y el que abusa

❧ Abuso sexual implicando penetración de cualquier tipo

❧ Abuso sádico o violento

❧ Si la víctima responde pasivamente o voluntariamente, tenderá a culparse más a sí misma

❧ Si la víctima recibió una respuesta negativa al intento de informar del abuso (como por ejemplo: castigo, acusación, o negación), el efecto del abuso empeora.

Es crítico que cuando se hable sobre un adulto superviviente de abuso infantil, se tenga en mente que el abuso ocurrió como menor de edad y, por lo tanto, fue procesado por la mente de un menor de edad. Por esta razón, es beneficioso considerar lo que sabemos acerca de la niñez:

❧ El conocimiento de los niños es limitado, ya que no han vivido mucho.

❧ Los niños son vulnerables, dependientes, y fácilmente influenciables.

❧ Los niños también piensan de forma egocéntrica. Si usted alguna vez ha sido padre de niños, sabe que ellos piensan que el mundo gira alrededor de ellos. Cuando los padres se divorcian, los niños a menudo piensan que ellos son los culpables. *Si tan sólo yo hubiera sido una niña buena, mi papá y mi mamá todavía estarían juntos.* Después de un abuso sexual, un niño puede pensar: *Si yo no fuera una niña tan mala, esto no estaría pasando. Yo hago que la gente haga cosas malas.*

Además, los niños están en el proceso de acumular conocimiento. Como niña, usted estaba aprendiendo cómo funcionan las relaciones, a diferenciar entre el bien y el mal y a discernir la diferencia entre estos dos. Está comenzando a entender la verdad y la mentira. También está comenzando a comprender la diferencia entre hombre y mujer, si usted es apreciada como persona, y muchos otros conceptos importantes. En una situación de abuso, los niños aprenden que las relaciones son para usar a los demás, que lo bueno es malo y que lo malo es bueno. Se aprende que el ser vulnerable o mujer es malo o peligroso, que fingir es crucial, y que usted es una basura. Lecciones abrumadoras como estas no son eliminadas cuando las supervivientes llegan a la edad adulta. Más bien, esas lecciones controlan las creencias del adulto. Para todos nosotros, las lecciones aprendidas en la niñez nos proporcionan un marco de referencia para procesar los eventos que nos suceden en la actualidad.

La misma naturaleza de la niñez es un proceso de evolución. Cualquier cosa que está en crecimiento puede ser moldeada. Creemos que una buena nutrición es importante para nuestros niños porque lo que consumen hoy afectará a su salud como adultos. Si criamos niños en una atmósfera de amor, verdad, sabiduría, y paciencia, moldeamos su carácter de manera beneficiosa. Al contrario, si criamos niños en una ambiente de temor, maldad, engaño y dolor, moldeamos su carácter, pero el resultado será muy diferente. Los jardineros que podan sus plantas y árboles saben que el moldear algo que es joven y flexible es mucho más fácil que moldear algo que es maduro, rígido, y posiblemente deforme. Es siempre más fácil aprender algo nuevo cuando se es un niño que cuando se es adulto. Los efectos del abuso sexual continuo en su vida como niña y en su vida como adulta pueden ser profundos.

¿Cuáles son algunos de los efectos del abuso sexual en los menores de edad? A medida que los consideremos, es extremadamente importante entender que son *indicadores*, y no una prueba. Un individuo puede demostrar todos estos síntomas y sin embargo nunca haber experimentado abuso sexual. Uno de los efectos es que la relación del superviviente con su propio cuerpo puede ser enfermiza. Muchos supervivientes odian sus cuerpos y cometen actos autodestructivos. Las adicciones a la comida, al alcohol, al sexo y a las drogas no son inusuales. Pensamientos suicidas o de auto mutilación pueden producirse. Desórdenes alimentarios y desórdenes del sueño son comunes. La vida emocional de una superviviente puede también verse afectada, y puede luchar con sentimientos de ira, temor, depresión, y dolor abrumador. El abuso también daña el pensamiento de la superviviente, ya que se ha formado durante su niñez con mentiras y engaño.

El abuso sexual en la niñez implica traición, rechazo, humillación, abandono, y engaño, y por eso las relaciones se ven afectadas profundamente. Para una superviviente adulta, el confiar en alguien parece algo imposible, el control manipulador puede parecer necesario, y las relaciones pueden ser corroídas por el temor. Los pensamientos son filtrados a través de las mentiras del que abusa, como: "no valgo nada", "Dios no es bueno", "el amor no existe" y "no se puede confiar en nadie".

EL IMPACTO ESPIRITUAL DEL ABUSO

Espiritualmente hablando, los efectos del abuso son profundos. Una imagen de Dios distorsionada acompañada con imagines torcidas de sí misma crea muchas barreras para experimentar la gracia y el amor de Dios. Dios se ve como castigador, caprichoso, indiferente, o muerto. El superviviente lucha para comprender lo que parecen ser dos realidades irreconciliables: la existencia de un Dios de amor y el abuso sexual. La mente puede reconocer a un Dios de amor y la ausencia de abuso sexual, o el abuso sexual en la ausencia de un Dios de amor. ¿Pero cómo se reconcilia la existencia de un Dios de amor y el abuso sexual a niños?

Sin duda, los tentáculos del abuso sexual a menores puede penetrar la vida de la superviviente adulta. Aunque la severidad del resultado a largo plazo varía de un individuo al otro, tales efectos son parte de los posibles resultados del abuso.

Consideremos un poco más de cerca el impacto espiritual del abuso sexual de menores a través de ejemplos verdaderos de aquellos que han experimentado este tipo de abuso y han luchado para entender lo que aprendieron acerca de Dios es ese contexto. Recuerde que el abuso le sucedió a la mente y el corazón de un menor en el cuerpo de un menor.

Sara tiene cinco años. Sus padres la dejan en la escuela dominical cada domingo. Ella ha aprendió a cantar: "Cristo me ama, me ama a mí, su Palabra dice así, niños pueden ir a Él; quien es nuestro amigo fiel". Su propio papá abusa de ella cada semana. A veces Sara tiene un descanso cuando su papá abusa de su hermanita de ocho años. La canción que ella aprendió dice que Cristo le ama y que Él es fuerte. Por lo tanto, Sara le pidió a Jesús que su papá parara de lastimarla. Nada pasó. Quizás Jesús no es lo suficientemente fuerte después de todo —ella pensó—, o por lo menos no es tan fuerte como su papá. Nada, ni aun Jesús, puede detener a su papá. La gente que escribió la Biblia y esa canción no debe haber sabido sobre su papá. ¿Puede usted ver cómo las creencias de esta niña acerca de sí misma y sobre Dios pueden ser diferentes a las verdades que una niña que no es una víctima considera valiosas?

María tiene siete años de edad. Vive en una casa donde se escucha el nombre de Dios a menudo. Pero ese Dios parece tener demasiadas reglas. Él dice que los niños tienen que hacer lo que los padres digan. María se esfuerza por hacer lo que su mamá y su papá le digan porque cuando ella hace algo malo, su papá la lastima. Y le explica que esa es la manera en que Dios les dice a los padres que enseñen a las niñas. Ella aprendió que si no hace lo que Dios dice, Dios la lastimará.

Por eso se esfuerza en ser buena. Este ejemplo demuestra que Dios es alguien a quién se debe temer porque Él lastima a aquel que no le obedezca. El regalo de la salvación y la gracia nunca se discuten. En cambio, este ambiente producirá un perfeccionismo inflexible en la versión adulta de la niña que sufrió el abuso.

¿Qué puede enseñarle el incesto a una niña acerca de los padres? Para estas niñas, los padres son personas en las cuales no se puede confiar, poderosas e impredecibles, y ellos causar dolor a aquellos bajo su cuidado. Los padres traicionan, abandonan, engañan y abusan. Después de aprender tales lecciones poderosas como niña, ¿cómo se sentiría usted cuando alguien le diga que Dios es su Padre?

¿Y qué le enseña el abuso a un niño(a) acerca de Dios? Él es cruel, impotente, no compasivo, y si Él escucha su llanto, no responde. Los niños no deben ser importantes. Él no es quien dice ser. Él no cumple su Palabra. El abuso degrada el carácter de Dios en la mente del menor que sufre abusos.

¿Qué le enseña el abuso a una niña sobre sí misma? Ella no vale nada, no puede ser amada, y sus oraciones son inútiles; ella es mala y hace que la gente haga cosas malas. Y no importa lo que haga, nada cambia o alivia la situación.

La siguiente es la historia que una superviviente escribió, al buscar una forma de aplicar la verdad de la Palabra de Dios a sí misma y a las mentiras que el abuso le enseñó. Fue escrito por una mujer de la que su padre abusó durante la mayor parte de su niñez. Ella ha luchado profundamente y durante mucho tiempo, preguntándose por qué Dios lo permitió continuar.

"¿Qué estaba Dios pensando y sintiendo —me preguntaba ella a menudo— cuando mi papa me violaba?". Su historia se titula *Mr. Jesus's Abba (El Abba de Don Jesús)*, donde ella habla de su lucha para ver a Dios como un Padre amoroso.

EL ABBA DE DON JESÚS

Dios no quiere que estés llena de miedo.
Él es tu Padre y Él nunca te lastimará.
—ROMANOS 8:15 PARAFRASEADO.

Había una vez una niña muy especial llamada Emma. Emma era maravillosa y Don Jesús la amaba mucho. El papá de Emma no la amaba de la misma manera protectora en que la amaba Don Jesús. Su papá la lastimaba a veces y la hacía sentirse como una niña mala. Emma no sabía que no todos los padres lastimaban a sus hijas. Don Jesús sabía que el papá de Emma la lastimaba y que Emma ya no confiaba en los padres. Eso puso a Don Jesús triste. Así que Don Jesús decidió que era hora de que Emma conociera a un papá protector: su Abba. *Abba* significa "papa protector, el cual te ama sin lastimarte", y eso es lo que el Abba de Don Jesús es. Don Jesús sabía que era importante que Emma conociera a Abba, porque Emma es su hija también. El Abba de Don Jesús es Dios y es también el Abba de todos. Don Jesús sabía que Abba era protector, pero Emma no lo sabía.

Él tenía que hallar la manera de hacerle ver que Él era un padre bueno y amoroso, no como su papá que la lastimaba. Por eso Don Jesús le mostró a Emma cómo era Abba. Él le mostró una parte de su libro que dice: "Dios no quiere que estés llena de temor. Él es tu Abba protector y nunca te lastimará". Emma pensó acerca de ese versículo, y entonces le dijo a Don Jesús cómo se sentía.

"Don Jesús —oró ella—, no quiero conocer a tu Abba. Él es un papá y eso significa que Él va a lastimarme. Eso no me gusta".

Don Jesús no estaba enojado con Emma por lo que dijo. Él sabía que ella era honesta con Él porque le decía la verdad. Entonces Don Jesús le respondió.

—Emma, sé que te sientes muy asustada de mi Abba, pero Él es digno de confianza. Él no es como los padres que tú conoces. El nunca te lastimará, te lo prometo.

Emma pensó en eso. Ella no creía que los padres fueran dignos de confianza, pero Don Jesús le prometió que Abba era de confiar. Don Jesús nunca había roto una promesa y Emma lo sabía. Él le prometió que ella siempre podría hablar con Él, y Él cumplió esa promesa. Él le prometió que ella nunca estaría sola, y Él cumplió esa promesa. Emma nunca había conoció a un papá que hubiera cumplido una promesa. Pero Don Jesús siempre lo hacía. Entonces Emma decidió confiar en Don Jesús.

—Don Jesús, todavía tengo miedo de conocer a

Abba, pero te voy a creer cuando me dices que Él es digno de confianza. ¿Pero te quedarías conmigo aquí cuando lo conozca?

Don Jesús sonrió, mientras una lágrima se escurrió por su rostro.

—Sí, Emma, yo estaré aquí contigo. Yo te amo y nunca te dejaré; nunca.

Entonces Don Jesús se puso al lado de ella y empezaron a hablar con Abba.

—Hola Abba, soy yo, Emma. Soy la amiga de Don Jesús.

Abba estaba feliz de hablar con Emma. Él le habló a ella con una voz digna de confianza.

—Mi preciosa niña, estoy tan feliz de tenerte como mi hija. Te amo muchísimo y he esperado para escuchar de ti.

Emma vio mucho amor en los ojos de Abba, y se sintió segura. Empezó a hablar a su Abba acerca de todo, así como lo había hecho con Don Jesús. Abba estaba muy feliz de tener finalmente a su hija con Él, y Emma estaba feliz de hallar a su Abba confiable y amoroso. Estaba feliz de haber creído en la promesa de Don Jesús.

Abba es también tu padre digno de confianza y amoroso. Él nunca te lastimará como tu papá lo hizo, y le puedes hablar de todo, incluyendo cuando tengas miedo de hablar con Él. Él esta deseoso de que tú vayas a Él como su Hija.

Las luchas de esta mujer para aceptar la verdad de quién es Dios contrariamente a las mentiras que ella aprendió cuando era niña, demuestran claramente que el abuso infantil puede influenciar profundamente una relación amorosa con Dios, y el desenlace de esa lucha puede tomar mucho tiempo.

CÓMO AYUDAR A LA MUJER VÍCTIMA DE ABUSO

Supongamos que usted está involucrada en un ministerio para mujeres, un grupo de consejería laico, o un estudio bíblico de su iglesia. De pronto, tal vez se encuentre con una mujer de treinta años, la cual le dice con gran dificultad y duda que su padre abusó de ella sexualmente por quince años. Su madre sabía del asunto, pero nunca dijo una palabra. Esa mujer decidió hablar con usted porque se encuentra en una crisis, su vida se está derrumbando, y usted parece ser una persona digna de confianza. Ella no está segura de que su propia historia de abuso sexual tenga que ver con su vida actual, pero necesita hablar con alguien. Ella nunca ha compartido esto con nadie; está deprimida, ansiosa y no puede dormir. Ha tenido pesadillas terribles. Apenas puede funcionar. Su esposo está enojado con ella y no entiende el problema. Además, se le está haciendo muy difícil cuidar de sus niños. ¿Cómo respondería usted?

Hay tres reacciones. Primero, usted puede huir porque la complejidad del problema es tan abrumadora que usted no quiere tener nada que ver con esto. Una segunda reacción es llamar a una experta y alejarse de la situación rápida y calladamente, esperando que la experta ayude a esta mujer, y usted estará feliz de saludarla en la iglesia cuando ella esté mejor. O tercero, usted puede ponerse de rodillas y pedirle a Dios que le ayude reunir al mejor equipo posible para ayudar esta mujer, personas que la apoyen y estén a su lado asegurándose que ella reciba la ayuda que necesita.

Hebreos 13:1-3 nos dice: "Permanezca el amor frater-nal... acordaos de los presos como si estuvierais presos junta-mente con ellos; y de los maltratados, como que también vosotros mismo estáis en el cuerpo".

"Permanezca el amor fraternal" —dice. Persevere, resista, no pare. No hay tiempo límite. Cuando usted ayuda a alguien que ha crecido con abuso sexual crónico, estamos hablando de un com-promiso de varios años. La sanidad no se produce en un mes. Las recompensas serán lentas. Las consecuencias de este mal son trau-máticas y no se resuelven rápidamente. A menudo mostramos una percepción ingenua de la maldad cuando pensamos en "solucio-nes rápidas". Hebreos 13:1 también dice que tengamos en mente a aquellos que sufren como si nosotras sufriéramos lo mismo.

A medida que usted trate de ayudar a esta mujer traumati-zada, imagínese en una situación similar. La madre de esta mujer sabía que ella estaba sufriendo abuso, y aun así, la madre no hizo nada. ¿No debería ella sentirse traicionada por su madre tam-bién? ¿Y cómo se sentiría usted compartiendo con alguien seme-jante historia fea de su familia? ¿A qué debiera temerle ella? ¿Qué pensaría usted de ella ahora que se enteró de todo? Quizás ella esté deprimida y sin poder dormir. ¿Qué pasa en la mente de ella cuando no puede dormir lo suficiente? ¿Cuán bien cree usted que ella esté manejando la situación? ¿Es ella capaz de disciplinar a sus hijos eficazmente? Trate de recordar una ocasión en que usted trató de funcionar con falta de sueño. ¿Cómo enfrentó las cosas? ¿O cómo cree que sería irse a dormir por la noche extremadamente cansada y acostarse al lado de un hombre, solo para tener pesadillas de su propio padre violándola? ¿Cómo supone usted que ella reaccione al sexo con su esposo? ¿Se desesperaría ella al punto de tratar de lastimarse a sí misma? ¿Y cómo se sentiría ella acerca de hombres en posición de autoridad, como por ejemplo un pastor? ¿Qué cree usted que el abuso le enseñó acerca de hombres en autoridad? ¿Qué supone usted que esta mujer cree acerca de Dios? ¿Cree usted que ella tendrá seguridad alguna vez de que Dios la ama y cuida de ella? ¿Cree que ella llegará a confiar en usted? Hebreos 13:1 dice: *"como si"* ¿Qué podría necesitar o desear usted en una circunstancia similar?

Una persona traumatizada emocionalmente necesita a alguien que continúe amándola a medida que avance en el proceso de tratar con su dolor, como también una persona que sea digna de confianza. Recuerde: las relaciones humanas han sido deformadas al punto de ser irreconocibles en la vida de esta mujer. La confianza, la esperanza y el amor son conceptos extraños para ella. El carácter de Dios, a medida que es revelado a través de una relación de carne y hueso con una amiga que se mantiene firme, es lo que esta mujer necesita para sanar. Como mujeres en el Cuerpo de Cristo, ¿estamos dispuestas a asumir este papel para ayudar a alguien que haya sufrido abuso?

Además de una amistad duradera, esta mujer que ha sufrido abuso necesitará la ayuda de una profesional dedicada a tratar el abuso sexual infantil. Quizás usted le pueda ayudar a encontrar a alguien. Y quizás usted la tenga que acompañar a la primera y segunda sesión, porque es extremadamente difícil sentarse en la sala de espera de una persona

Una persona traumatizada emocionalmente necesita a alguien que continúe amándola a medida que avance en el proceso de tratar con su dolor

extraña, sabiendo que usted va a revelar cosas que quiere olvidar.

Ella también puede necesitar ayuda práctica. No puede dormir, no puede pensar, y no está funcionando bien. Quizás sea necesario ayudarla con los quehaceres de la casa o con los niños. O quizás ella necesite ayuda para poder tomar una siesta durante el día, cuando las pesadillas no le quiten el sueño.

Su esposo también requerirá ayuda. Él puede que no entienda lo que su esposa está pasando. Es posible que él esté frustrado con los cambios de ánimo de su esposa, y es posible que no sepa cómo demostrarle amor a ella durante ese tiempo. El necesitará hombres en su vida que le apoyen, que sean mentores, que lo eduquen acerca del abuso sexual, y que le ayuden a aprender cómo amar a su esposa. Él tendrá que aprender a esperar mientras que su esposa sana. A veces, las mujeres que han sufrido abusos de niñas se casan con hombres que también abusan. Su matrimonio quizás no sea seguro, y puede ser necesario hacerle preguntas acerca de su relación matrimonial.

Ella necesitará una amiga que persevere con ella, aun cuando esté confundida, enojada, luchando y sienta dolor.

CÓMO SER AMIGA DE UNA SUPERVIVIENTE DE ABUSO SEXUAL

Cuando Dios nos llama a relacionarnos con personas que han sufrido abusos, parte de ese llamado es ser un ejemplo viviente del amoroso carácter de Dios mientras que la mujer sana. Jesús vino en forma humana para que usted y yo pudiéramos entender mejor cómo es Él. Él también existe en el cuerpo de la iglesia, y como parte de ese cuerpo nosotras somos llamadas a vivir de manera que refleje su carácter y gracia a otros, especialmente a aquellos que necesitan consuelo.

Con esto en mente, consideremos pautas específicas para ser amigas de una superviviente de abuso sexual.

1. Reconozca que este tipo de abuso resulta en consecuencias profundas y duraderas. Esto es aún más cierto cuando el que abusó fue uno de los padres, la niña era muy pequeña, el abuso fue crónico, y fue ocultado hasta que la niña alcanzó su edad adulta.

2. Comprenda las ramificaciones espirituales si el que abusó fue un cristiano, sea un padre, una madre, un tío, un conocido, un consejero de campamento o un pastor. Las creencias o temores acerca de Dios, quién es Él, su amor y protección, y su bondad no son sanadas fácilmente. Algunos versículos bíblicos no resolverán automáticamente este trauma persistente.

3. *Esté consiente de que la superviviente probablemente que-rrá asilarse en ocasiones.* El estar en grupos puede ser difícil. Sin embargo, esfuércese para mantenerla conectada con las personas que la apoyan aun si ella trata de evitarlos. Pero recuerde que los lugares públicos pueden ser abrumadores para ella a veces, y esto es de esperar. También, si usted le pide que llame cuando necesite algo, ella probablemente no llame. Usted debe iniciar y mantener la relación.

4. *Tome cualquier amenaza de suicidio seriamente.* Ella necesita notificarle a su consejera o ser llevada a la sala de emergencias si amenaza con suicidarse.

5. *Crea lo que se le dice.* Los adultos sí que violan y tortu-ran a los niños de manera sádica. Lo inimaginable sí ocurre.

6. *Recuerde que el sanar toma tiempo.* El sanar de un abuso sexual no es un proceso rápido. El abuso puede destruir cre-encias fundamentales, y toma tiempo restablecer creencias saludables. Nuestro Dios es ciertamente un Dios de redención, pero Él usualmente trabaja a través de otras personas. Sea paciente, y cuando usted se sienta frustrada, sea más paciente.

7. *Alcance a otros como iglesia de la comunidad.* Los hom-bres y mujeres que están en crisis a menudo se sienten aislados y no deseados. La comunidad cristiana puede proporcionar un lugar de apoyo, amor, significado y pertenencia. A veces, es la única familia que algunas personas poseen. Asegúrese de recor-dar esto durante los días festivos y de cumpleaños.

8. *Ofrezca esperanza sin condenación.* En nuestras horas más oscuras, todas luchamos. A menudo, cuando alguien

sufre, necesita que otros le sostengan con esperanza y fe. El decirle a alguien que esté en crisis simplemente "tenga más fe", usualmente incrementará su desesperación. Es mucho mejor decirle que todo va a estar bien y que usted orará por ella o le ayudará de alguna manera práctica.

9. *Trate de equilibrar ministerio y diversión* con una mujer traumatizada. A menudo, cuando alcanzamos a aquellos que sufren, reducimos nuestra relación con ellos solo a ministerio. La mujer que ha sufrido abuso empieza a verse a sí misma como un problema a ser resuelto. Inclúyala en sus actividades de ocio para que se sienta amada por quién es, en vez de que se sienta ayudada por ser una crisis que necesita arreglarse.

10. *Sea alguien que sabe escuchar.* Escuchar es darle honor a alguien. Usted no puede arreglar una niñez estropeada por el abuso sexual. Algunas palabras bondadosas no pueden arreglarlo todo. Sin embargo, usted puede apoyar a alguien mientras ella con fortaleza enfrenta la verdad y aprende a crecer a pesar de las dificultades. Si usted no esta segura de qué decir, no diga nada, pero manténgase a su lado. Una compañía amorosa siempre hace un viaje difícil mucho más fácil.

11. *Aprenda más acerca del área problemática en la que usted ministra.* Si usted va a ayudar a alguien que ha sufrido abuso sexual en la niñez, lea libros sobre el tema. Si usted no entiende el abuso, es muy probable que usted cause dolor.

12. *Ayude a la persona que ha sufrido abuso a encontrar un consejero que tenga experiencia en el abuso sexual.* Ofrezca llevar a su amiga a la primera cita.

13. Nunca dé a entender que la víctima es la culpable del abuso.

14. Recuerde que el abuso sexual es un acto delictivo. No caiga en la trampa estereotípica de pensar que se trataba simplemente de una familia disfuncional. El abuso sexual es un delito. Los niños deben siempre ser protegidos por los adultos. El que abusa tiene sobre sí la responsabilidad del delito.

15. No minimice el abuso diciendo cosas como: "Bueno, por lo menos no te mataron".

16. No haga una investigación muy profunda, pero no dude en hacer preguntas. Si ella no quiere hablar, respete sus deseos.

17. Eche una mirada seria a sus propias actitudes. El ayudar a una superviviente de abuso sexual le traerá a usted cara a cara con sus propias ideas preconcebidas acerca del abuso, el sexo, el bien y el mal, la justicia y la injusticia, los hombres y las mujeres.

18. Reconozca el honor que se le ha dado a usted cuando alguien le escoge para revelarse a sí misma. El exponer décadas de secretos le causa terror a una persona. Trate de decir: "Sé que necesitó mucho valor par contármelo. Le creo y considero un privilegio ser la persona que usted escogió para hablar".

19. Crea que la sanidad es posible. Como cristianas, sabemos que hay esperanza en Cristo. Al mismo tiempo, no sea ingenua. Unas pocas verdades no sanarán este trauma. El tratar este tipo de tragedia con unos versículos o con "tres pasos para la sanidad" es hacerle más daño a una persona que ha sido tremendamente herida. Este tipo de respuestas vienen a menudo de nuestra propia incomodidad. Cuando no sabemos qué decir, a menudo salimos con una formula rápida para sentir que hemos logrado algo. Las consecuencias del abuso sexual en los años formativos son asombrosas. Ciertamente hay un Redentor pero, como dije anteriormente, Él normalmente trabaja a través de personas y durante un período de tiempo. El someterse a su proceso es a veces tan difícil para la persona que está desarrollando la amistad como para la superviviente.

Habiendo trabajado por treinta años con hombres y mujeres que han sufrido abusos sexuales, puedo garantizar dos cosas. Primero, ciertamente hay una maldad increíble en este mundo, dirigido por un príncipe de maldad que trae muerte y engaño, y el cual guía a otros a abusar del poder para su propia gratificación. El abuso sexual de un niño es la obra del enemigo. Es un horrendo intento de destruir una vida y confundir una mente. Cualquier batalla contra este enemigo será una batalla feroz. Los supervivientes del abuso y aquellos que los ayudan hallarán que es una batalla difícil, porque se trata de mentiras y verdades, vida y muerte, redención y destrucción, esperanza y desesperación. Sí, es una batalla de abuso sexual y de mecanismos para hacerle frente, pero también es una batalla contra los poderes de la oscuridad. No podemos hacerlo solas.

Segundo, hay mucho trabajo por hacer. Trabajo duro. La mentira tiene que ser expuesta y la verdad deber ser buscada. La muerte debe ser cambiada por la vida. Se debe trabajar en el cuerpo, la mente, las emociones, las relaciones y el espíritu. No puede ser llevado a cabo aislándose. Requiere la ayuda de otros: personas competentes, compasivas, que perseveren.

Pero aunque todo esto es importante, no es suficiente. Usted necesitará de un campeón.

Algunos versículos en Isaías 19 pintan un cuadro impresionante de este campeón. Los versículos 19 y 20 describen un altar que será construido en honor a Dios dentro de las fronteras de Egipto, uno de los más feroces opresores de Israel. Este altar es testigo de que aquellos que han sido oprimidos y que claman a Dios serán rescatados. Dios les enviará un Salvador y un campeón. Un altar a Dios construido en territorio enemigo: una señal de esperanza o, como lo dijo Isaías: "Y será por señal y por testimonio a Jehová de los ejércitos en la tierra de Egipto; porque clamarán a Jehová a causa de sus opresores, y él les enviará salvador y príncipe que los libre" (Isaías 19:20).

Si usted es alguien que ha sufrido abuso sexual, entonces sabe lo que significa vivir en medio de un opresor. Un enemigo ha abusado de su cuerpo y de su alma. Usted ha clamado con frecuencia, preguntándose por qué Dios ha estado callado y sin compasión. Pero su campeón, la persona de Jesucristo, también sufrió la opresión y el abuso, y Él sabe lo que usted ha soportado. Él es lo suficientemente grande para pelear contra los poderes de la oscuridad y las fuerzas de la maldad. Su poder es más grande que el poder del enemigo. Él es quien perseveró hasta el final. Yo he visto la victoria que se produce en la vida de supervivientes, pues Él trae belleza a vidas devastadas, verdad en lugar de mentiras, y vida donde una vez reinó la muerte.

Sí, la batalla es dura. Es ardua para usted, y hasta cierto grado para aquellos que le apoyan. La obra de sanidad se toma más de lo que quisiéramos. En medio de todo esto, cuando el cambio parece ser lento y la esperanza parece desvanecerse, el Redentor habla. Él dice que el abuso sexual es malo y habla y enseña la verdad. De hecho, Él se permitió que abusaran de Él y se sometió a la muerte para que supiéramos que Él nos entiende.

A medida que usted lucha con este problema o intenta ayudar las personas en su comunidad que han experimentado semejante abuso, que su trabajo refleje el carácter del Redentor, para que muchos tengan la oportunidad de cruzar el umbral de la desesperación y el daño hasta la esperanza y la sanidad.

∞⁊

ACERCA DE LA AUTORA

Diane Langberg es columnista de *Today's Christian Woman (La mujer cristiana de hoy)*, escritora y directora de Diane Langberg y Asociados. Ha escrito dos libros acerca del abuso sexual: *Counseling survivors of sexual abuse* (Cómo aconsejar a supervivientes del abuso sexual) y *On the threshold of Hope: Opening the Door to Healing for Survivors of Sexual Abuse* (En el umbral de la esperanza: Abriendo la puerta de la sanidad para los supervivientes del abuso sexual).

VERSÍCULOS QUE INSPIRAN

"Acerquémonos, pues, confiadamente al trono de la gracia, para alcanzar misericordia y hallar gracia para el oportuno socorro". (Hebreos 4:16)

"Como aquel a quien consuela su madre, así os consolaré yo a vosotros". (Isaías 66:13)

"Porque no nos ha dado Dios espíritu de cobardía, sino de poder, de amor y de dominio propio". (2 Timoteo 1:7)

"[Dios] no está lejos de cada uno de nosotros. Porque en él vivimos, y nos movemos, y somos". (Hechos 17:27-28)

"Entonces invocarás, y te oirá Jehová; clamarás, y dirá él: Heme aquí. Si quitares de en medio de ti el yugo, el dedo amenazador, y el hablar vanidad". (Isaías 58:9)

"No os acordéis de las cosas pasadas, ni traigáis a memoria las cosas antiguas. He aquí que yo hago cosa nueva; pronto saldrá a luz; ¿no la conoceréis? Otra vez abriré camino en el desierto, y ríos en la soledad". (Isaías 43:18-19)

Extraordinary Women (EWomen) (Mujeres Extraordinarias), un ministerio de American Association of Christian Counselors (AACC) (Asociación Americana de Consejeras Cristianas), es un movimiento basado en la fe y enfocado a acercar más a las mujeres al corazón de Dios. Para obtener más información sobre nuestros dinámicos programas de formación, conferencias, recursos, y beneficios de la membresía, visite *Ewomen.net* , o llame al 1-800-526-8673, o escriba a: P.O. Box 739, Forest, VA 24551.

❧

AACC es una organización con una membresía de más de 50,000 consejeras clínicas, pastorales y laicas dedicada a promover la excelencia en la consejería basada en la fe. P.O. Box 739, Forest, VA 24551; 1-800-526-8673; *www.aacc.net*

❧

Shine Magazine (Revista Resplandece) es una publicación de atracción principal para Extraordinary Woman. *Shine* llena el vacío existente entre la belleza exterior e interior de una mujer. Cada ejemplar celebra los aspectos espirituales, intelectuales y físicos de la feminidad. Isaías 60:1: "Levántate, RESPLANDECE; porque ha venido tu luz, y la gloria de Jehová ha nacido sobre ti".

PREPÁRESE PARA ENTRAR EN SU PRESENCIA...

Y EXPERIMENTAR LA VERDADERA INTIMIDAD.

Marcos Witt, editor ejecutivo.

Contribuidores: Danilo Montero, Marco Barrientos,
Fuchsia Pickett, Sergio Scataglini, John Bevere,
Jesús Adrián Romero, Mike Bickle, Mike Herron,
Judson Cornwall, Ron Kenoly, Kingsley Fletcher
y muchos más.

Libros extraordinarios para mujeres extraordinarias